Cuando Dios dice:
"¡Es ahora!"

Una vez más, con la sana enseñanza bíblica y el profundo discernimiento profético en que el Cuerpo de Cristo ha aprendido a confiar, Chuck Pierce nos trae un libro muy adecuado para el tiempo en que nos encontramos. Chuck lo alentará con instrucciones prácticas para luchar por su destino y lo llevará a comprender el cuadro general: el cumplimiento profético en nuestra vida personal influye en los propósitos colectivos y en el destino de Dios para las ciudades, las regiones y las naciones. Lea este libro para recibir aliento y capacitación. ¡Lo mejor está por venir!

Jane Hansen

Presidenta y CEO de
Aglow Internacional

Hay un tiempo para luchar y un tiempo para descansar, y debemos estar preparados para ambos. En *Cuando Dios dice: "¡Es ahora!"*, Chuck Pierce explica de manera sencilla y clara cómo prepararnos para esos momentos de cumplimiento profético, cómo recibirlos y avanzar en ellos. Es una palabra vital para esta generación que muestra claramente el camino bíblico desde el temor y las esperanzas postergadas hacia la libertad. Chuck utiliza sus experiencias personales para brindarnos un entendimiento práctico de temas como reconocer y romper viejos ciclos de enfermedad, tener esperanza para el destino de nuestros hijos, y el cumplimiento profético en relación con las generaciones y los territorios.

Las personas que viven en naciones del Primer Mundo están descubriendo el singular rol que deben llevar a cabo en la Gran Comisión. Este libro es una maravillosa herramienta para ayudarlos a cumplir este destino ordenado por Dios. Chuck, gracias por tu obediencia. Este libro abrirá caminos para muchos.

Jonathan Maracle

Mohawk, Territorio Tyendinaga
Director de Broken Walls Ministries
Cantante y compositor

Chuck Pierce es una voz de esta generación que Dios está usando con poder en todo el mundo. Con gran discernimiento y profundidad, Chuck presenta las tácticas del enemigo para silenciar la palabra profética y las estrategias que debemos practicar para guerrear y abrirnos paso hacia el cumplimiento profético que nos espera. Su mensaje es una palabra oportuna y un llamado para que el pueblo de Dios se deshaga de todos los obstáculos y tome posesión de los propósitos del Señor en este tiempo crítico.

Robert Stearns
Director Ejecutivo de Eagles' Wings

Hace años que, en el círculo de los grandes hombres y mujeres de Dios que han sido elegidos para la liberación de profecías en el Cuerpo de Cristo, se habla de los "procesos" de Dios. Pero rara vez, ha habido, dentro de las filas de lo profético, voces que se tomaran el tiempo para explicarnos y mostrarnos claramente esos "procesos".

Estamos en deuda con Chuck Pierce y Rebecca Wagner Sytsema por estar dispuestos a escribir un manual para comprender y adoptar lo que yo llamo los procesos y los procesamientos: los patrones y los ciclos de Dios en nuestra vida. El camino hacia la resurrección no es una línea recta; es un ciclo de comienzos y finales, con puntos de transición claves que, cuando los comprendemos, reconocemos y celebramos, nos permiten confiar y, en última instancia, disfrutar el proceso.

Chuck y Rebecca han dado un enorme paso para ayudar, apoyar e impulsar la obra del Espíritu Santo en nuestra vida, en este tiempo estratégico. Aproveche esta oportunidad para descubrir las implicancias espirituales, sociales y económicas de colaborar con Dios y participar en el cumplimiento de la palabra que ha sido pronunciada sobre su vida y que continúa desarrollándose. Chuck y Rebecca; estamos en deuda con ustedes por su continua fidelidad para liberar lo que el Espíritu dice ahora al Cuerpo de Cristo.

Dr. Mark J. Chironna
Mark Chironna Ministries
Orlando, Florida

Dedicamos este libro, con amor,
a nuestros hijos:

Daniel Pierce
Rebekah Pierce
John Mark Pierce
Joseph Pierce
Isaac Pierce
Ethan Pierce
Nicholas Sytsema
Samuel Sytsema
William Sytsema III
a todos nuestros futuros hijos

y a todos los hijos de nuestros hijos.

Sepan, amados, que no deben temer;
¡lo mejor está por venir!

©2008 Editorial Peniel

Ninguna parte de esta publicación puede
ser reproducida en ninguna forma sin el
permiso escrito de Editorial Peniel.

Las citas bíblicas fueron tomadas de la
Santa Biblia, Nueva Versión Internacional,
a menos que se indique lo contrario.
© Sociedad Bíblica Internacional.

EDITORIAL PENIEL
Boedo 25
Buenos Aires, C1206AAA
Argentina
Tel. 54-11 4981-6178 / 6034
e-mail: info@peniel.com
www.peniel.com

Diseño de cubierta e interior:
ARTE PENIEL • arte@peniel.com

Pierce, Chuck
Cuando Dios dice: ¡Es ahora! - 1a ed. - Buenos Aires : Peniel, 2008.
160 p. ; 21x14 cm.
Traducido por: Virginia López
ISBN 10: 987-557-157-1
ISBN 13: 978-987-557-157-0
1. Vida Cristiana. I. López, Virginia, trad. II. Título
CDD 248

Índice

Introducción

Cuando Dios lo entretejió a usted en el vientre de su madre, tenía un tiempo y un propósito especial para su vida. Sabía antes de la fundación del mundo en qué tiempo iba a nacer. En ese punto de la concepción, comenzó su ciclo vital. Durante nuestro ciclo vital, tenemos muchas opciones. Cada día, al levantarnos, nuestro primer pensamiento debería ser: *"Elijan ustedes mismos a quiénes van a servir"* (Josué 24:15). Si servimos a Dios, tendremos éxito en el plan redentor para el cual Él nos creó. Sentiremos su presencia. Sabremos cuándo nos desviamos de su plan. También sabremos cuándo Satanás, el enemigo de nuestra alma, trata de interrumpir ese ciclo vital de Dios.

El Creador del universo lo ha creado a usted y tiene un plan increíble para su vida. Elija hoy a quién servirá para que su futuro esté asegurado. Sepa esto: ¡lo mejor está por venir! Un querido amigo mío, Don MacAlpine, escribió este maravilloso testimonio:

Eyección del teniente Don MacAlpine
Mona Loa, Hawai

Fue el día anterior al Día de Acción de Gracias de 1955. Yo estaba situado detrás del líder y a un costado en la formación de aviones. Nos encontrábamos en una misión de capacitación en nuestros FJ-2, y habíamos decidido ir a la isla mayor de Hawai y sobrevolar el interior del Mona Loa, un cráter volcánico. Mientras descendíamos, sentí y escuché una explosión en la nariz del aparato. Envié un mensaje por radio al líder de mi sección para avisarle, lancé la llamada de auxilio, y le dije dónde estaba y lo que había sucedido. (Una luz de emergencia significa que hay fuego en la nariz, pero no sucederá nada hasta que los cables se quemen completamente. Dos luces encendidas significan que hay, aproximadamente, cuatro segundos antes que el avión explote). Nunca supe cuál era la luz que se había encendido; de repente, toda la cabina estaba teñida de rojo. Tiré de la palanca de eyección y pensé que había indicado a mi líder que me lanzaba. Pero él no me oyó.

Una vez fuera del avión, tiré de la cuerda del paracaídas, y se accionó tan fácil que pensé que no funcionaba. Mi paracaídas se abrió, y me dije: "Está todo bien". El avión se estrelló contra la lava seca de la erupción de 1859. Dado que el tanque estaba lleno de combustible, con la explosión, no quedó mucho de la nave.

Toda la ladera de la montaña estaba cubierta de lava, y aterricé sobre una piedra lisa. El paracaídas se enredó en un arbusto y se rompió. El líder de mi sección sobrevolaba en círculos la zona, y quise avisarle que estaba bien. Pareció que pasaba una eternidad hasta que pude levantarme, tomar una bengala, encenderla y lanzarla, pero él solo había dado un cuarto de giro. Sabía que estábamos a demasiada altura como para que un helicóptero pudiera rescatarme, así que volví al lugar de la caída y pasé una noche fría y húmeda esperando al escuadrón de rescate. Al día siguiente, el escuadrón llegó e inspeccionó la escena del accidente. Después, me di cuenta de que había tenido un ángel guardián que me cuidó. La roca de lava era tan cortante que todos los integrantes del escuadrón tuvieron que cambiar las botas por otras nuevas. Además, ese pequeño arbusto era el único en unos ocho kilómetros cuadrados. Si no hubiera estado allí para protegerme, el fuerte viento podría haberme arrastrado por las rocas, tan filosas que me hubieran matado. Pero ese pequeño y solitario arbusto me protegió e impidió que terminara hecho jirones.

¡Gloria a Dios! Ese arbusto se convirtió en una manifestación de Dios en mi vida. Así como Moisés experimentó a Dios en un arbusto, me sucedió a mí.

En ese momento, aunque no tenía una relación íntima con Dios, supe que Él tenía un plan para mi vida. Lo había visto en ese arbusto. A partir de ese día, he tratado de seguir ese plan para que mi destino pueda cumplirse.

• • •

Así como Abraham encontró la provisión de Dios para el futuro de sus generaciones en un arbusto, y Moisés recibió su llamado (que culminó en el destino de una nación) en un arbusto, Don también encontró sobrenaturalmente a Dios en un arbusto. Oramos para que usted, al leer este libro, pueda abrir sus ojos y ver a Dios en las circunstancias y situaciones que lo rodean. Él es Jehová Jireh, el que se ocupará de que su destino tenga todo lo necesario para cumplirse.

¡Bendiciones!

Chuck D. Pierce
Rebecca Wagner Sytsema

Capítulo 1

Cuando Dios dice:
" ¡Es ahora!"

*Porque yo sé muy bien los planes que tengo para ustedes
—afirma el SEÑOR—, planes de bienestar
y no de calamidad, a fin de darles
un futuro y una esperanza.*
JEREMÍAS 29:11

¿Alguna vez se encontró tan atrapado en una situación difícil que pensó que no lograría escapar? ¿Alguna vez esperó tanto el cumplimiento de una promesa que perdió las esperanzas? ¿Alguna vez Dios le dio una promesa que aún no se ha cumplido?

Una mañana, yo (en este libro, "yo" se refiere a Chuck) desperté con las siguientes palabras resonando en mi espíritu: "Lo mejor está por venir. No te desalientes por lo que ves, porque cumpliré lo que tengo para tu vida". Y supe que era Dios quien me lo decía.

La verdad sobre el futuro

¿Lo mejor está aún por venir? La verdad es que, para el creyente en Cristo, lo mejor siempre está por venir. Tenemos una maravillosa promesa para nuestro futuro; una promesa eterna de comunión con Dios. La Biblia dice claramente que no tenemos que vivir aquí en la Tierra con la mirada puesta solo en lo que es temporal, sino debemos tener una visión de la eternidad y actuar desde esa perspectiva. Dios nos dará gracia para soportar lo que sucede en nuestro mundo terrenal hasta que lleguemos al cumplimiento pleno de nuestro destino eterno, que es con Él. En resumen, aunque estemos en el mejor momento que podamos pasar en la Tierra, lo mejor está por venir.

Pero... ¿eso es todo? ¿Nuestra única esperanza de cumplimiento profético es para la eternidad? ¿Y nuestro destino mientras estamos aquí? Sí, hay un destino para cumplir. Sí, existe más que la gracia necesaria para soportar nuestras circunstancias hasta que el Señor nos llame a su presencia. Y sí, Dios tiene un plan maravilloso para nuestra existencia terrenal, que se continuará en nuestra eterna comunión con Él.

Tiempo de nacer

El 3 de noviembre de 1984 fue un día de cumplimiento profético para la familia Pierce. En ese día de otoño, en Tomball, Texas, nació nuestra hermosa hija, Rebekah. ¡Qué día de gozo, después de años de angustia y espera, de creer que Dios cumpliría su palabra! Fue un día de cumplimiento profético, porque, en 1980, Dios le habló a mi esposa, Pam, y le dijo que iba a tener mellizos. En ese momento, Pam era estéril. ¡Qué promesa increíble para una mujer que ni siquiera podía concebir!

El vientre de Pam estaba lleno de endometriosis, una enfermedad que hacía que su cuerpo fuera hostil a la concepción. Tenía los óvulos, pero nunca llegaban a conectarse de una manera que pudiera mantener la vida. En otras palabras, el potencial estaba allí, pero algo impedía que los óvulos se desarrollaran para que llegara a haber vida.

Hay mucho potencial en nosotros para concebir y llevar a su cumplimiento el plan de Dios para nuestra vida. Pero también son muchas las cosas que nos impiden ver el cumplimiento del propósito de Dios. Esos son los asuntos que queremos tratar en este libro. Pam sabía que, para darle mellizos, Dios debía sanarla. Ya había esperado seis años para concebir, y debería esperar otros cuatro antes que llegara la sanidad. Pero después de diez años, Dios fue fiel a su palabra, y la promesa profética que le había hecho se cumplió.

Dios tuvo que reorganizar muchas cosas antes de que pudiéramos ver que su promesa fructificaba. Una de ellas era nuestra casa. Antes de tener hijos, era un hermoso lugar, como de exposición. Siempre había una silla cómoda para sentarse a disfrutar de la paz y el orden. Pero, perfecto como era, nuestro hogar era estéril.

Para tener hijos, debíamos estar dispuestos a abandonar nuestro estilo de vida. Debíamos estar dispuestos a que nuestra casa perfecta se desordenara. Debíamos estar dispuestos a ver manchas en las alfombras y oler pañales sucios. Teníamos que estar dispuestos a enfrentar narices sangrando, zapatos embarrados y música ruidosa; a que hubiera perros, gatos, pájaros y hasta serpientes rondando por la casa. Teníamos que estar dispuestos a enfrentar peleas y discusiones, visitas al médico, amigos y novios. Para salir de la esterilidad, debíamos estar dispuestos a recibir la manifestación física y todo lo que esto representaría en nuestra vida; por ejemplo, obedecer al Señor a cada paso.

Comienza la sanidad

Hay un tiempo perfecto para cada persona en que debemos avanzar hacia el destino que el Señor nos ha preparado. Creo que la mayoría de nosotros deseamos cumplir el plan de Dios para nuestra vida, pero debemos tomar la decisión de hacer lo que Él nos pide que hagamos. En la vida de Pam y la mía, hubo una serie de pasos que debimos dar para que la promesa de tener hijos se cumpliera.

1. El Señor me pidió que lo obedeciera y alentara a Pam a dejar su trabajo secular.
2. El Señor llevó a nuestra vida una maravillosa criatura que adoptamos de bebé.
3. El Señor requirió que yo dejara mi trabajo secular y me dedicara al ministerio de tiempo completo.

4. El Señor nos requirió a ambos que trabajáramos en uno de los hogares para niños más grandes del este de Texas.

5. Dios comenzó a extender mi llamado misionero haciendo que me concentrara en la Unión Soviética.

6. Dios nos hizo reconocer todo pecado personal y generacional que pudiera impedir que recibiéramos nuestra promesa.

7. Dios hizo que Pam fuera a ver a nuestro pastor y le pidiera que orase por ella.

8. El Espíritu del Señor comenzó a enseñarnos el principio de seguir a Dios. Él nos dio esta palabra: *"Sígueme"*.

9. El Espíritu de Dios me visitó con una revelación para la ex Unión Soviética y me pidió que le diera esa revelación a un líder misionero muy importante.

10. Dios también nos pidió que fuéramos a una conferencia donde se dictaban enseñanzas contrarias a las de la iglesia a la que asistíamos en ese momento.

11. Dios pidió a mi esposa que levantara sus manos en adoración de una forma que ella nunca lo había hecho antes.

12. El Señor nos pidió que respondiéramos a su Espíritu y a su poder, que cayó sobre nosotros en esa conferencia.

Estos pasos de obediencia culminaron en una conferencia cuando Pam, contra su naturaleza, levantó sus manos en adoración a Dios. Mi esposa fue sanada instantáneamente por el poder divino que invadió su útero y, de forma literal, arrancó los coágulos que había allí. Digo "instantáneamente", pero los actos de obediencia que he enumerado llevaron años de disciplina. Después de esa conferencia, Pam tuvo su primer ciclo menstrual normal y, después de esto, su vientre ya no fue hostil. Dos semanas después, había concebido... y no por única vez, sino que hubo cuatro más.

Obviamente, estos no serán los mismos actos de obediencia que Dios requiera de todos, pero es importante darse cuenta de que hay actos de obediencia que pueden llevar a cualquier persona al cumplimiento de su profecía. Debido a mi disposición y a la de Pam para permitir que el Señor desordenara nuestro hogar y nuestra vida, Dios finalmente nos dio hijos realmente maravillosos. Donde antes había muchos lugares para sentarse a disfrutar en calma, hoy apenas hay un lugar libre. Pero es una casa llena de amor, vida y promesas para el futuro. A pesar de los ruidos y la conmoción, nunca volveríamos voluntariamente a ese lugar de esterilidad en que las promesas estaban encerradas dentro de nosotros.

El cumplimiento profético suele ser un proceso desordenado que, aparentemente, interrumpe el orden de la vida. Pero en medio de drásticos cambios, hay gran gozo en saber que estamos avanzando hacia el destino que Dios nos marcó. Oramos para que usted experimente el gozo del cumplimiento de las profecías en su propia vida.

Afírmese en la promesa

Dios tiene un futuro y una esperanza para todo aquel que lee este libro. Él nos ha dado promesas de salvación, herencia y vida espiritual. Una promesa es como un pagaré en el cual podemos basar nuestro futuro. Él tiene toda la intención de cumplir las promesas que nos ha hecho. Es como un cheque que podemos llevar a cobrar al banco. Es un fundamento seguro en el que podemos basarnos confiadamente.

Pero ¿cómo conocemos el plan de Dios para nuestra vida? La única manera es teniendo una relación de pacto con Él. A partir de esta relación de pacto, descubrimos el plan de Dios para nuestro destino. Dios tiene muchas formas de revelarnos su deseo para nuestra vida. Puede ser que sintamos que "lo sé… porque lo sé". Quizá encontremos circunstancias que sabemos que han sido ordenadas por Dios para abrir o cerrar puertas. Podemos tener una urgencia, un intenso deseo dado por Dios, algo que sabemos que debemos hacer en nuestra vida. Tal vez tengamos encuentros sobrenaturales por medio de sueños, visiones o milagros. Podemos estar leyendo La Biblia y ver un patrón que nos revela algo de una forma especial para nuestra vida. Podemos ver un atisbo del destino que Dios tiene para nosotros por medio de una palabra profética. No importa cuál haya sido nuestra experiencia, todos tenemos promesas de que Dios nos dará un futuro y una esperanza. Él tiene un plan y un destino para cada uno de nosotros, y hace que todas las cosas ayuden a bien para ubicarnos correctamente de manera que sus planes puedan cumplirse. Cada vez que respondemos al Señor en obediencia, vemos progresos en el cumplimiento general de nuestro propósito en esta tierra. Este proceso y esta progresión se llaman "cumplimiento profético".

Cuando Dios dice: "¡Es ahora!"

En el ciclo natural de la vida, hay temporadas. Algunas están llenas de desolación, pero podemos consolarnos si sabemos que esa temporada llegará a su fin. Hay un tiempo en que termina la desolación, y comienza el cumplimiento profético. Esos tiempos son los momentos en que Dios dice: "¡Es ahora!". Tiempos de cumplimiento profético en que se manifiestan las promesas de Dios.

En su extraordinario libro *God's Timing for Your Life* (*Los tiempos de Dios para tu vida*), Dutch Sheets escribe:

La vida es una serie de cambios; un proceso de pasar de lo viejo a lo nuevo; de *cronos* (un proceso general del tiempo) a *kairos* (un tiempo oportuno, estratégico, el "*ahora*"). El crecimiento, el cambio, el avivamiento son procesos. La vida está conectada. Si no comprendemos esto, tendemos a despreciar los *cronos*, que son tiempos de preparación, de siembra, de creer y perseverar (...) No perdemos el tiempo, lo invertimos. Y si lo hacemos fielmente, el momento del cambio *llegará*.[1]

Eso sucedió en nuestra familia, cuando los diez años de esterilidad terminaron con el nacimiento de nuestra primera hija. Cuando el tiempo de desolación o desierto termina, y comienza una nueva temporada de promesa, es uno de los momentos en que Dios dice: "¡Es ahora!".

En Daniel 9, vemos un ejemplo bíblico de una temporada de desolación que termina para que comience una de cumplimiento profético. Israel había estado cautivo en Babilonia durante setenta años, y aún estaba cautivo, cuando Daniel comenzó a leer las profecías de Jeremías: *"Corría el primer año del reinado de Darío (...) cuando yo, Daniel, logré entender ese pasaje de las Escrituras donde el SEÑOR le comunicó al profeta Jeremías que la desolación de Jerusalén duraría setenta años"* (v. 2). Al leer, Daniel se dio cuenta de que había una profecía que había sido dada muchos años antes, y que "ahora" era el tiempo para que se cumpliera esa profecía. Los setenta años de desolación que Jeremías había profetizado, concluían, y el tiempo de ser liberados de la cautividad había llegado.

Dios siempre tiene momentos en que dice "ahora" en nuestra vida. Daniel sabía que era tiempo de que esta palabra se cumpliera y la cautividad terminara. Nosotros, como él, también debemos llegar a un punto en que comprendamos la secuencia de tiempos de Dios. Sé que, en mi propia vida, cuando es hora de que una temporada de desolación termine, yo deseo que finalice y sus efectos desaparezcan. Y una vez que salgo de ella, no quiero volver. Esa es la actitud que debemos tener al avanzar hacia el cumplimiento profético. Debemos estar en estrecha relación con Dios para saber cuándo comenzar una nueva secuencia y un nuevo ciclo de vida. Necesitamos saber cuándo es hora de dejar de lado nuestra desolación y entrar en un nuevo tiempo.

Salir de la desolación

"Entonces me puse a orar y a dirigir mis súplicas al SEÑOR mi Dios. Además de orar, ayuné y me vestí de luto y me senté sobre cenizas" (Daniel 9:3). Cuando Daniel comprendió que los tiempos

estaban cambiando, y que Israel debía salir de la cautividad, hizo dos cosas: se volvió a Dios y dialogó con Él con oración y súplica, y comenzó a negarse a sí mismo por medio del ayuno, para que toda desolación pudiera ser rota. Al hacer estas dos cosas, se reconcilió con Dios y, como representante de Israel, salió de la temporada de desolación. Esto permitió que comenzara el proceso para que los israelitas salieran de la cautividad y avanzaran hacia su futuro.

Por medio de sus promesas para nosotros, Dios rompe la desolación personal, colectiva y territorial... y el infierno está furioso. Siempre que nos preparemos para entrar en un nuevo tiempo de cumplimiento profético, Satanás se opondrá y tratará de mantenernos en la desolación del pasado. Hay un proceso de tres pasos que debemos seguir para salir de la desolación y entrar en los tiempos de cumplimiento en nuestra vida.

Primer paso: Dios da un llamado a la intercesión

Como sucedió con Daniel, Dios suele liberar primero una carga de intercesión en nuestra vida. Una carga es una profunda impresión de lo que Dios siente y desea, en nuestro espíritu. Sentimos esta carga como un peso o un impulso tan fuerte que debemos responder a Dios para que pueda producirse un cambio en nuestra vida o nuestro entorno. Así comienza la intercesión.

La intercesión siempre prolonga lo que Dios está haciendo para arrancar la desolación de nuestra vida. El cumplimiento profético es un proceso continuado. En otras palabras, todo lo que Dios ha hecho, aun en el período de desolación, tiene un propósito y ayudará para impulsarnos hacia lo que Él tiene para nosotros en nuestro nuevo lugar. Dutch Sheets escribe:

> Dios quiere cambiar nuestro pensamiento, de sentirnos desalentados en esos tiempos, a darnos cuenta de que los períodos de *cronos* son necesarios (...) Sabiendo que estamos colaborando con Dios y dándole lo que necesita para

traer lo nuevo, podemos regocijarnos, en lugar de despreciar los comienzos modestos.[2]

Debemos alinearnos con lo que Dios está haciendo y conectarnos con ello para el tiempo de cumplimiento. Debemos reconocer la motivación del Espíritu Santo para responder a lo que Dios tiene en mente y conectarnos con su corazón de manera que avancemos. Esto solo puede suceder cuando nos comunicamos con el Dios santo y soberano. Al ponernos de acuerdo con Dios por medio de su llamado a la intercesión, Él nos impulsará fuera de nuestras desoladoras circunstancias y nos hará entrar en el cumplimiento profético.

> **Todo lo que Dios ha hecho, aun en la temporada de desolación, tiene un propósito y ayudará para impulsarnos hacia lo que Él tiene para nosotros en nuestro nuevo lugar.**

En Ezequiel 22, Dios estaba listo para restaurar al pueblo de Judá. En los versículos 23 al 29, Dios explica que los sacerdotes habían sido impíos, los profetas habían conspirado, los funcionarios del gobierno habían actuado como lobos rapaces, y el pueblo había caído en la adivinación. No obstante, en el versículo 30, Dios dice que, si pudiera hallar una persona que levantara un muro y se parara en la brecha ante Él, en representación de esa tierra, Él revertiría todo lo que los profetas, sacerdotes y funcionarios habían hecho mal. Hasta prometía revertir la pecaminosa corrupción en que había caído el pueblo. Dios iba a hacer todo eso si encontraba a alguien que se reuniera con Él.

La intercesión puede definirse como tratar de alcanzar a alguien para presionarlo fuertemente a cambiar una situación. Hebreos 7:25 dice de Jesús: *"Por eso también puede salvar por completo a los que por medio de él se acercan a Dios, ya que vive siempre para interceder por ellos"*. Cristo está disponible para interceder por nosotros. De esto se trata el llamado a la intercesión. El Espíritu de Dios colaborará con nosotros y nos revelará el plan de escape y la salida de la desolación. Pero debemos estar dispuestos a orar. Debemos estar dispuestos a reunirnos con Dios hasta que recibamos la estrategia para avanzar, y luego plantarnos firmemente contra el enemigo que tratará de mantenernos atados a la desolación. Si lo hacemos, Dios no solo nos arrancará de allí, sino también nos sacará de toda corrupción en que hayamos caído. Nos lavará, renovará y restaurará para un lugar de comunión con Él.

Segundo paso: Dios revive el destino profético no cumplido

Cuando nos ponemos de acuerdo con Dios por medio de la intercesión, Él suele recordarnos su plan de destino profético. Daniel se dio cuenta de esto cuando tuvo que retroceder setenta años para descubrir qué le había prometido Dios al pueblo de Israel. El profeta Jeremías había profetizado que toda la tierra entraría en desolación y serviría al rey de Babilonia durante setenta años (vea Jeremías 25:11). Al recibir la carga de oración de Dios, Daniel pudo comprender que esto era lo que había dicho Jeremías. Ahora era el tiempo de que el poder de la desolación se quebrara y comenzara la restauración.

Lo mismo sucede con nosotros muchas veces. Quizá nuestros abuelos y bisabuelos tenían increíbles destinos proféticos que nunca se concretaron. Debemos entender cómo su herencia profética quedó cautiva del enemigo y comprender cómo las bendiciones generacionales de Dios no se cumplieron.

Yo tuve que descubrir los destinos proféticos no cumplidos en mi propia vida observando a mi padre. Fue un hombre que tuvo un gran potencial, pero tomó muy malas decisiones. El camino que eligió para él era sucio y corrupto. En lugar de glorificar a

Dios, terminó con una muerte prematura, y su destino nunca se cumplió. Dios nos ha creado a cada uno de nosotros para que reflejemos su gloria. Cuando buscamos nuestra identidad en Él y comenzamos a entrar en la plenitud de esa identidad, su gloria se ve en nosotros. La ausencia de su gloria indica una maldición. Una maldición en nuestra vida trae desolación y posterga el cumplimiento de sus propósitos. Al ver el desastre que mi padre hizo con su propia vida, después de sufrir abusos de su parte, yo podría haber dicho: "¡Pobre de mí! Miren lo que ha hecho mi padre". Por el contrario, dije:

"Miren lo que mi padre podría haber sido. Miren lo que podría haber logrado si hubiera permitido que Dios lo llevara al plan que tenía para su vida. Miren lo que debería haber sido".

El Señor me reveló una vez el maravilloso amor que tenía por mi padre terrenal. Cuando vi cuánto lo amaba Dios y qué plan increíble tenía para él, inmediatamente dije: "Señor, no quiero solo llegar a la plenitud en mi propia vida; déjame también lograr esas cosas que tenías para mi padre en su generación, y que se desviaron porque él se alió con el enemigo".

Como veremos con mayor detalle en el capítulo 5, he aprendido que el destino profético suele estar relacionado con las generaciones de nuestras familias. Por tanto, deseo estar seguro de completar, de alguna forma, lo que Dios preparó para mi linaje. Debo lograr el éxito donde ha habido fracaso en mi familia. Debo vencer al enemigo en aquellos aspectos en que otros de mis antecesores no lo soportaron. Para que se cumplan las profecías en nuestra vida, debemos permitir que el Señor reviva el destino profético no cumplido en nuestros ancestros y nos dé una mentalidad de éxito, de cumplimiento y completitud.

Tercer paso: Dios nos llama a profetizar sobre nuestro destino

Por difícil de creer que sea para muchos, Dios ha elegido utilizarnos como un eslabón necesario para cumplir su voluntad en la Tierra. Nos llama para que dialoguemos con Él, escuchemos su voz y recibamos revelación profética para que la esperanza de nuestro llamado se cumpla. Nos pide que llevemos esa revelación y la profeticemos en el ámbito terrenal.

Esta acción de declarar la revelación profética se llama "intercesión profética".

Barbara Wentroble afirma: "La intercesión profética es un tipo de oración que desata milagros y bendiciones de Dios (...) El Cuerpo de Cristo está hoy en el vientre del amanecer de un nuevo día (ver Salmo 110:3). Damos a luz oraciones que tienen poder para abrirse paso".[3]

Según Cindy Jacobs, "la intercesión profética es una urgencia de orar dada por el Espíritu Santo (...) Oramos por los pedidos de oración que Dios tiene en su corazón. Él nos indica que oremos para que Él pueda intervenir (...) Dios nos indicará que oremos para que se cumpla su voluntad en la tierra como en el cielo".[4] En otras palabras, Dios dice: "Esto es lo que pienso hacer en esta área; ahora, profetízalo".

Profeticemos nuestro destino

A lo largo de toda La Biblia, vemos ejemplos de hijos de Dios que hicieron este tipo de declaraciones proféticas en su propia situación para que los demás vieran cumplirse la voluntad de Dios. Tal es el caso de Ezequiel, como se lee en los capítulos 36 y 37. Dios dijo a Ezequiel:

"Así que tuve que defender mi santo nombre, el cual los israelitas profanaban entre las naciones por donde iban. Por eso, adviértele al pueblo de Israel que así dice el Señor omnipotente: 'Voy a actuar, pero no por ustedes sino por causa de mi santo nombre, que ustedes han profanado entre las naciones por donde han ido. Daré a conocer la grandeza de mi santo nombre, el cual ha sido profanado entre las naciones, el mismo que ustedes han

profanado entre ellas. Cuando dé a conocer mi santidad entre ustedes, las naciones sabrán que yo soy el SEÑOR Lo afirma el SEÑOR omnipotente. Los sacaré de entre las naciones, los reuniré de entre todos los pueblos, y los haré regresar a su propia tierra''' (Ezequiel 36:21-24).

El pueblo de Dios había pasado por un proceso de dispersión. Satanás sabe cómo dispersarnos y dividirnos. Así que lo que el Señor le dijo a Ezequiel fue que, aun cuando Israel (representado por los huesos de Ezequiel 37) había sido dispersado, Él iba a reunirlos nuevamente. Dios le dio a Ezequiel entendimiento del destino profético de Israel que debía declarar a la tierra:

"La mano del SEÑOR vino sobre mí, y su Espíritu me llevó y me colocó en medio de un valle que estaba lleno de huesos. Me hizo pasearme entre ellos, y pude observar que había muchísimos huesos en el valle, huesos que estaban completamente secos. Y me dijo: «Hijo de hombre, ¿podrán revivir estos huesos?» Y yo le contesté: «SEÑOR omnipotente, tú lo sabes. Entonces me dijo: «Profetiza sobre estos huesos, y diles: "¡Huesos secos, escuchen la palabra del SEÑOR! Así dice el SEÑOR omnipotente a estos huesos: 'Yo les daré aliento de vida, y ustedes volverán a vivir. Les pondré tendones, haré que les salga carne, y los cubriré de piel; les daré aliento de vida, y así revivirán. Entonces sabrán que yo soy el SEÑOR'"» (Ezequiel 37:1-6).

Hay cuatro niveles de declaración profética en Ezequiel 37 que pueden ayudarnos a comprender el proceso del cumplimiento profético. En cada nivel, hay un punto en que puede estancarse. Comprender cómo puede estancarse el proceso nos ayudará a avanzar hacia la próxima dimensión del cumplimiento profético.

Primer nivel: Reunión

"Tal y como el SEÑOR me lo había mandado, profeticé. Y mientras profetizaba, se escuchó un ruido que sacudió la tierra, y los huesos comenzaron a unirse entre sí. Yo me fijé, y vi que en ellos aparecían tendones, y les salía carne y se recubrían de piel, ¡pero no tenían vida!" (Ezequiel 37:7-8).

Ezequiel tomó las palabras que Dios le dio y las declaró a la desolada situación que había sobrevenido a Judá. Esto es lo que significa "declaración profética". Cuando Ezequiel declaró la voluntad de Dios, comenzaron a suceder cosas. Lo mismo pasa con nosotros. Cuando vemos el destino profético de Dios en nuestra vida y comenzamos a declararlo, algo sucede. Pero debemos ejercer la fe antes de ver resultados. Algunas veces, buscamos resultados sin ejercer fe, pero no funciona así. Cuando Ezequiel profetizó por primera vez, hubo un sonido de temblor, y los huesos se reunieron; después, los tendones y la carne cubrieron los huesos. En el primer nivel de profecía, cuando profetizamos lo que Dios nos prometió, escuchamos un nuevo sonido y vemos una nueva estructura que se forma. Hasta recibimos una parte del plan para avanzar. Pero el mero hecho de tener un plan no basta.

Segundo nivel: Aliento de vida

"¡Pero no tenían vida! Entonces el SEÑOR me dijo: Profetiza, hijo de hombre; conjura al aliento de vida y dile: "Esto ordena el SEÑOR omnipotente: 'Ven de los cuatro vientos, y dales vida a estos huesos muertos para que revivan'"»" (Ezequiel 37:8-9).

Aquí vemos el segundo nivel de la profecía. Ezequiel había visto reunirse los huesos y aparecer la carne, pero no había aliento de vida en ellos. No había vida. ¿Significaba esto que él era un falso profeta? No, por supuesto. Solo significaba que aún no estaba funcionando algo que produciría el cumplimiento profético. Por eso, Dios le dijo que volviera y profetizara a esa parte que no había recibido vida. Observe que no le dijo a Ezequiel que profetizara nuevamente todo desde el principio, sino que profetizara solo a la parte que no funcionaba, y le ordenara que se alineara con los planes y los propósitos de Dios.

Cuando encontramos un obstáculo para declarar la palabra de Dios, no significa necesariamente que no sea palabra de Él o que hayamos fallado. Suele significar que debemos pasar a un segundo nivel de profecía para ver cómo la vida entra en aquello que Dios anhela vivificar.

Tercer nivel: Guerra espiritual sobre la esperanza postergada

"Yo profeticé, tal como el SEÑOR me lo había ordenado, y el aliento de vida entró en ellos; entonces los huesos revivieron y se pusieron de pie. ¡Era un ejército numeroso! Luego me dijo: «Hijo de hombre, estos huesos son el pueblo de Israel. Ellos andan diciendo: "Nuestros huesos se han secado. Ya no tenemos esperanza. ¡Estamos perdidos!» (Ezequiel 37:10-11).

Ezequiel vio formarse un gran ejército como resultado de su declaración profética. Pero cuando quienes formaban el ejército comenzaron a hablar, dijeron que estaban llenos de desesperanza. Cuando no tenemos esperanza, nuestra fe para el futuro se desgasta rápidamente. La esperanza perdida se suma al rechazo, y nos hace sentir aislados y perdidos, como sucedió con este gran ejército de Ezequiel 37. Según Proverbios 13:12, la esperanza que se posterga enferma el corazón y libera un espíritu de enfermedad.

Ezequiel había visto suceder cosas grandes y milagrosas como resultado de sus declaraciones proféticas. Pero aún había desesperanza y enfermedad. Cuando esto sucede en nuestra vida, debemos pasar a un tercer nivel de profecía: la guerra espiritual. No es suficiente tener carne y aliento. Debemos luchar contra todo lo que el enemigo esté haciendo para tratar de robar la vida que Dios ha preparado en nuestro destino. Si no hacemos guerra espiritual y derrotamos los planes del enemigo para causar la muerte, no progresaremos para voltear al espíritu de enfermedad que ha ingresado y se resiste a nuestro cumplimiento profético.

La esperanza postergada es causa de muchas enfermedades. Hay un punto en el cumplimiento de la promesa de Dios sobre nuestra vida en el que debemos solucionar los asuntos pasados que sobrevienen contra nosotros para desalentarnos y vencernos. Observe que los huesos de Ezequiel 37 tuvieron que expresar la esperanza postergada que había en ellos. No tema enfrentar los problemas de su pasado. Al enfrentarlos y solucionarlos, podrá ser liberado para entrar en la esperanza del futuro.

Cuarto nivel: Esperanza para el futuro

"Por eso, profetiza y adviérteles que así dice el SEÑOR omnipotente: «Pueblo mío, abriré tus tumbas y te sacaré de ellas, y te haré regresar a la tierra de Israel. Y cuando haya abierto tus tumbas y te haya sacado de allí, entonces, pueblo mío, sabrás que yo soy el SEÑOR Pondré en ti mi aliento de vida, y volverás a vivir. Y te estableceré en tu propia tierra. Entonces sabrás que yo, el SEÑOR, lo he dicho, y lo cumpliré. Lo afirma el SEÑOR»" (Ezequiel 37:12-14).

Observe que la frase *"te estableceré en tu propia tierra"* era el destino profético revelado en Ezequiel 36. La palabra del Señor había cerrado el círculo. Pero ¿qué habría sucedido si Ezequiel hubiera dejado de insistir después que los huesos se unieron, cuando no había aliento? Eso es lo que solemos hacer en el Cuerpo de Cristo. Pensamos que hemos oído palabra de Dios y profetizamos, pero cuando las cosas no suceden como nosotros pensábamos, nos rendimos y no llegamos a alcanzar nuestro destino profético. No vemos la palabra que Dios nos ha hablado manifestándose y cumpliéndose. Cuando Ezequiel profetizó en el cuarto nivel, se liberó el poder de la resurrección, de manera que las tumbas pudieron abrirse y las personas fueron llevadas a su propia tierra. Me encanta la frase: *"Entonces sabrás que yo, el Señor, lo he dicho, y lo cumpliré"* (v. 14, énfasis agregado).

Una cosa es tener una promesa en nuestra vida que sabemos que es de Dios, y otra es que la promesa se cumpla. En Ezequiel 37, se necesitaron cuatro niveles de acuerdo y profecía para que llegara el cumplimiento de la palabra de Dios. No debemos descorazonarnos fácilmente. El desaliento no tiene lugar en nosotros como pueblo de Dios. Si decidimos no retroceder, sino continuar avanzando en los niveles de profecía, Él hará su voluntad en nosotros y producirá el cumplimiento profético.

¿Cuarenta días o cuarenta años?

Dios tiene un ciclo vital para cada uno de nosotros. Este ciclo comienza en la concepción y avanza según la siguiente progresión:

1. *Concepción*: Dios comienza su propósito para nosotros entretejiéndonos en el vientre.
2. *Nacimiento*: La nueva vida que Dios ha creado nace.
3. *Edad de la responsabilidad*: Tomamos conciencia de que necesitamos a Dios.
4. *Nuevo nacimiento*: Somos llevados de las tinieblas a la luz y recibimos vida.
5. *Recibir esperanza*: Buscamos y recibimos las expectativas de Dios para nuestro futuro.
6. *Madurez de nuestra fe*: Nuestra fe madura hasta convertirse en un arma vencedora para Dios.
7. *Demostración*: Dios demuestra su poder y sabiduría, lo cual desata nuestro destino.
8. *Manifestación*: Dios manifiesta su gloria y el cumplimiento interior de nuestra identidad en Él.
9. *Completitud*: Nuestro rol en el ámbito terrenal se completa, enfrentamos la muerte y entramos en la eternidad.

Al enemigo le encanta interrumpir nuestro ciclo vital en cualquiera de estas etapas de manera que el cumplimiento de nuestro destino no se produzca. Le encantaría que nos perdiéramos el *kairos*, tiempo oportuno de Dios para cada una de estas etapas. Pero el hecho de perder alguno de esos momentos en que Dios dice "¡Es ahora!" no significa que las cosas nunca volverán a estar en orden. Solo significa que posponemos lo que Dios desea hacer y entramos en una temporada prolongada en el desierto.

Todos tenemos temporadas en el desierto que son ordenadas por Dios, en las cuales pasamos de un período a otro. Pero podemos prolongar este tiempo. Jesús permaneció en el desierto durante cuarenta días; los israelitas estuvieron cuarenta años (vea Marcos 1:13 y Números 14:33-34). Ellos quedaron cautivos en su temporada en el desierto debido a su incredulidad y a la dureza de su corazón, mientras que Jesús resistió al malo durante el tiempo que pasó en el desierto y salió de él lleno de poder para su futuro.

> **Todos tenemos temporadas en el desierto que son ordenadas por Dios, en las cuales pasamos de un período a otro.**

La decisión es nuestra. Si estamos dispuestos a esforzarnos para avanzar en el cumplimiento profético, en el tiempo marcado por Dios, nuestra temporada en el desierto no será prolongada. Pero si, como los israelitas, permitimos que el enemigo nos venza con desaliento, desánimo y falta de fe, nosotros también nos encontraremos en una prolongada temporada de desolación que nos hará vagar durante años.

Como mencionamos al comienzo de este capítulo, muchas veces, parece que el cumplimiento profético nos desordenara la vida. De hecho, quizá sintamos que todo está cabeza para abajo. Pero es en el cumplimiento profético que alcanzamos el destino de Dios para nuestra vida. Cuando enfrente su destino profético en el momento que Dios le diga: "¡Es ahora!", usted deberá determinar en su corazón si su temporada de vagar en el desierto durará cuarenta días o cuarenta años.

Declaración profética

¡Las declaraciones tienen poder! He aquí una declaración profética que lo ayudará a abrir el próximo nivel de cumplimiento del propósito de Dios en su vida:

Declaro que Dios tiene un propósito para mi vida. Recibo sabiduría y revelación para la esperanza de mi llamado. Declaro que toda estrategia del infierno que haya interrumpido el plan de Dios para mi vida saldrá a la luz. Declaro que todo obstáculo que me haya impedido progresar será revelado y que avanzaré en el plan de Dios para mi vida. Declaro que mi fe será impulsada. Declaro que mi espíritu recibirá nuevas fuerzas. Y declaro que el desierto florecerá, y que la gloria de Dios se verá en mi vida. ¡Declaro que lo mejor está por venir!

- **1** Dutch Sheets, *God's Timing for Your Life* (Ventura, CA: Regal Books, 2001), págs. 17-18. Itálicas en el original.
- **2** Ibíd., págs. 18-19.
- **3** Barbara Wentroble, *Prophetic Intercession* (Ventura, CA: Regal Books, 2003), pág. 27.
- **4** Cindy Jacobs, *Conquistemos las puertas del enemigo* (Caribe Betania).

Capítulo 2

Siete condiciones para el cumplimiento profético

Vale más la sabiduría que las piedras preciosas, y ni lo
más deseable se le compara.
PROVERBIOS 8:11

C omo hemos dicho en el capítulo anterior, el cumplimiento profético no es algo que sucede de forma automática en nuestra vida. Naturalmente, Dios es soberano y puede hacer cualquier cosa, pero la mayoría de las veces, no pasa por encima de las decisiones que tomamos por nosotros mismos, y, buenas o malas, debemos vivir con las consecuencias de esas decisiones. Lo maravilloso del Señor es que, aunque nos descarriemos, si prestamos atención, Él nos dará las formas de regresar a su plan. Por tanto, debemos aprender a vivir dentro de su voluntad para que se produzca el cumplimiento profético. La palabra *cumplir* significa "traer algo a la realidad". También puede significar "realizar y ordenar, satisfacer, llevar a su fin, completar". Así que el cumplimiento profético significa que la voluntad y el sentir de Dios para nuestra vida, su deseo para ella, se manifiestan plenamente. En este capítulo, hablaremos sobre siete condiciones vitales que debemos comprender para ayudar a mantenernos en el camino mientras avanzamos hacia el plan total de Dios para nuestra vida.

Primero:
Debemos saber lo que Dios nos dice, y luego, decir
"sí y amén" a sus promesas para nosotros

"Todas las promesas que ha hecho Dios son «sí» en Cristo. Así que por medio de Cristo respondemos «amén» para la gloria de Dios" (2 Corintios 1:20). Por desgracia, muchos cristianos mueren sin haber siquiera cumplido su destino profético. Esto no necesariamente se debe a que haya pecado en sus vidas, sino a que nunca aprendieron a escuchar la voz de Dios y comprender dónde estaba tratando de llevarlos. Terminan tropezando en la oscuridad, sin poder obedecer al Señor porque no comprenden lo que Él requiere para que puedan avanzar hacia ese destino.

Aunque tengamos una clara idea de adónde quiere Dios que vayamos, el camino hacia ese destino, generalmente, es muy diferente de lo que imaginábamos. Cuántas veces he oído comentarios como: "¡Sabía que Dios haría esto, pero nunca imaginé que lo haría de esta forma!". Por eso, es tan importante que prestemos atención a Dios en cada paso del camino.

Un principio clave para decir sí y amén a las promesas de Dios es mirar siempre adelante, en lugar de mirar atrás. Aferrarnos a lo que ya se nos ha escapado de las manos no sirve para nada, y hasta puede ocultarnos la visión de lo que está por delante. Muchas personas dejan de avanzar hacia su futuro porque se aferran a su pasado. Para que haya un verdadero cumplimiento profético, debemos aferrarnos a lo que Dios está haciendo ahora. Debemos decir: "Señor, ¿qué estás haciendo conmigo hoy? ¿Adónde estás tratando de que entre, para que pueda reconectarme y provocar aquello que tratas de producir en mi futuro?".

Una vez que comprendemos las promesas de Dios para nuestra vida, debemos reconocerlas con sí y amén. Esto significa que debemos expresarlas verbalmente a Dios y a los demás. Confesar con nuestra boca es muy importante: *"Porque con el corazón se cree para ser justificado, pero con la boca se confiesa para ser salvo"*

(Romanos 10:10). La palabra *confesar*, en este versículo, significa "armonioso" o "unido". Por lo tanto, al verbalizar las promesas de Dios para nosotros, de hecho, concordamos armoniosamente con Él. Esto edifica nuestra fe y cierra la puerta a las mentiras de Satanás.

Lo que sale de nuestra boca es vitalmente importante. *"Lo que contamina a una persona no es lo que entra en la boca sino lo que sale de ella"* (Mateo 15:11). Las palabras que decidimos pronunciar tienen tanto el poder de salvar como el de corromper. Nuestras confesiones pueden ser la diferencia entre recibir el cumplimiento profético y perder nuestro destino. Por esta razón, debemos concertar diciendo verbalmente sí y amén a las promesas de Dios para nosotros.

Quiero agregar una nota de advertencia en cuanto a verbalizar lo que creemos que son las promesas de Dios para nuestra vida. Debemos cuidarnos de que sea el Señor quien nos dé sabiduría en cuanto a qué decir y a quién decírselo. De lo contrario, podemos terminar haciendo un desastre, como José cuando se jactó de su sueño ante sus hermanos, quienes se enfurecieron tanto que luego lo vendieron como esclavo. Con frecuencia, se trata de buscar el momento oportuno. Publicar algo que debe ser mantenido en un cajón o un rincón de oración es como dice el adagio de tiempos de guerra: "¡Una boca abierta puede hundir un barco!".

Segundo:
La promesa que Dios tiene para nosotros debe ser incorporada al destino general para nuestra vida y la de los demás

"Si uno de los miembros sufre, los demás comparten su sufrimiento; y si uno de ellos recibe honor, los demás se alegran con él" (1 Corintios 12:26). Dios no hace nada independientemente de lo demás que está tratando de lograr. En otras palabras, cualquier cosa que trate de hacer en su vida encaja dentro de un plan general.

En una sociedad como la nuestra, que da tanto valor a los logros individuales, con frecuencia nos cuesta comprender que nuestro destino está unido al de otros, y que no tenemos éxito solo por nosotros. Estamos conectados unos con otros. Por tanto, las promesas que Dios tiene para nuestra vida integran el destino general del que somos parte. Nuestras promesas están relacionadas con la obra general de Dios, no solo en nuestra vida, sino también en nuestro territorio y en las generaciones pasadas y futuras. Aunque Dios es un Dios muy personal, Él cumple nuestras promesas junto con las de otros con quienes nos ha conectado. Si nosotros o esas otras personas no pedimos a Dios que cumpla nuestras promesas, todos sufrimos. (Comentaremos esto con mayor detalle en el capítulo 5).

Tercero:
Debemos permanecer en un proceso continuo
de recibir revelación profética

Nuestra vida y nuestro destino están en una línea continua. A medida que avanzamos, debemos, constantemente, buscar nuevas instrucciones y nuevas revelaciones de Dios. No podemos tomar un poco de un nivel de revelación y pensar que con eso nos alcanzará hasta el final. En el capítulo anterior, comentamos los cuatro niveles de profecía que Ezequiel tuvo que atravesar para ver a Dios lograr todo lo que deseaba realizar en el valle de los huesos secos.

Si Ezequiel se hubiera detenido en algún punto antes que se cumpliera todo el propósito, habría fallado. El profeta atravesó un proceso de cuatro pasos en cada nuevo nivel de profecía. Son los mismos cuatro pasos que nosotros debemos seguir si deseamos continuar en el cumplimiento profético, en nuestra vida.

Primer paso: Recibió revelación profética. Ezequiel buscó a Dios y estuvo dispuesto a recibir instrucción profética. De hecho, esperaba que Dios le hablara. ¿Cuántas veces, en nuestra vida diaria, esperamos escuchar a Dios? Debemos aprender a escuchar su voz con el fin de recibir la dirección para nuestra vida que nos impulsará hacia delante.

Segundo paso: Obedeció a la voz del Señor. Dios le dijo a Ezequiel qué decir y qué hacer para que se cumpliera el siguiente paso. Esto parece muy básico, pero es una etapa fundamental que debemos comprender. Ezequiel no habría podido pasar al cuarto nivel de profecía sin obedecer a Dios en el

> **Si a usted le resulta difícil recibir nuevas revelaciones y escuchar palabra del Señor, mire atrás y asegúrese de que ha hecho todo lo que el Señor le pidió hasta ahora.**

primero, segundo y tercer nivel. Si a usted le resulta difícil recibir nuevas revelaciones y escuchar palabra del Señor, mire atrás y asegúrese de que ha hecho todo lo que el Señor le pidió hasta ahora. Por ejemplo, si tuvo problemas en su relación con alguien, y el Señor le indica que tiene que arreglarse con esa persona, no vuelva al Señor pidiendo una nueva revelación hasta haber obedecido la revelación anterior que le dio. Si quiere continuar avanzando hacia el cumplimiento profético, será mejor que vaya y arregle las cosas con esa persona.

Tercer paso: Vio cumplirse el propósito de Dios y evaluó la situación. En cada nivel de obediencia, Ezequiel vio cómo se producían milagros a medida que se cumplía la voluntad de Dios. Aun así, sabía que no se habían cumplido todos los propósitos divinos. Vio cómo se unían los huesos —lo cual en sí mismo debe de haber sido una visión extraordinaria—, pero, al mirar más de cerca, observó que, aun después de este gran milagro, esos huesos no tenían vida. Después, percibió cómo entraba en ellos el aliento, y cómo un gran ejército de seres vivos y que respiraban remplazaba a la pila de huesos secos e inútiles. Pero aún había desesperanza y enfermedad en ellos. Solo cuando Ezequiel pudo ver al Señor romper la enfermedad y la muerte de ese gran ejército, y llevarlos a la tierra que les había prometido, se completó el proceso de cumplimiento profético. Aunque quizá veamos grandes milagros en el camino, debemos ser sensibles a la guía del Espíritu Santo, en cuanto a si su voluntad se ha cumplido o no completamente.

Cuarto paso: Estuvo atento para recibir la próxima instrucción. Los sucesivos milagros no impidieron que Ezequiel buscara a Dios para saber cuál sería el próximo paso. No quedó tan atónito por las maravillosas obras de Dios como para que esto le impidiera mirar hacia delante. Naturalmente, debemos detenernos a dar gracias a Dios por su gran poder y permitirnos el éxtasis de la adoración. Pero no podemos dejar que la gloria de algo que ya ha ocurrido nos impida avanzar hacia una gloria mayor.

¿Alguna vez trató de caminar hacia atrás concentrándose en donde estuvo recién? No solo su avance será muy lento, sino que también es muy posible que lo haga caer algún obstáculo que debería haber visto. Recuerde cuando Jesús *"se hizo el firme propósito de ir a Jerusalén"* (Lucas 9:51). Nunca se desvió de sus propósitos en la Tierra y, gracias a que estuvo siempre concentrado, nos trajo la redención. Debemos mantener los ojos fijos en lo que está por delante y pedir a Dios las próximas instrucciones. Aun con todos sus grandes logros para el Señor, Pablo escribe: *Hermanos, no pienso que yo mismo lo haya logrado ya. Más bien, una cosa hago: olvidando lo que queda atrás y esforzándome por alcanzar lo que está delante, sigo avanzando hacia la meta para ganar el premio que Dios ofrece mediante su llamamiento celestial en Cristo Jesús* (Filipenses 3:13-14). Pablo avanzaba hacia su cumplimiento profético.

Cuarto:
Debemos aprender a hacer guerra espiritual
con nuestras profecías

"Timoteo, hijo mío, te doy este encargo porque tengo en cuenta las profecías que antes se hicieron acerca de ti. Deseo que, apoyado en ellas, pelees la buena batalla" (1 Timoteo 1:18). Recibir una revelación profética de Dios sobre lo que Él quiere lograr no significa que esté todo hecho. La naturaleza condicional de la profecía requiere tanto nuestra obediencia como la disposición a hacer "guerra" con la palabra profética. Dado que este es un tema fundamental para el cumplimiento profético, dedicaré todo el capítulo 3 a él.

Quinto:
Debemos tener establecidas estructuras
de autoridad y rendición de cuentas para que
se cumplan las profecías

Cuando de cumplimiento profético se trata, el tema de la autoridad correcta y la obediencia no puede omitirse ni tomarse a la ligera. Este principio bíblico aparece una y otra vez en temas como padres e hijos, señores y siervos, amos y esclavos, empleadores y empleados, sacerdotes y el pueblo, etc. Watchman Nee lo expresa así:

No debemos preocuparnos por qué está bien o está mal, qué es bueno o es malo; debemos saber quién tiene autoridad sobre nosotros. Una vez que aprendemos a quién debemos sujetarnos, encontramos naturalmente nuestro lugar en el cuerpo. ¡Oh, cuántos cristianos hoy no tienen la menor idea de lo que es la sujeción! No es de extrañarse que haya tanta confusión y desorden (...) La obediencia es un principio fundamental. Si esta cuestión de la autoridad no se resuelve, nada puede resolverse. Así como la fe es el principio por el cual obtenemos vida, la obediencia es el principio por el cual se vive esa vida.[5]

Nunca lograremos el cumplimiento profético solos. Aunque podemos estar en buena relación con Dios y terminar en el cielo, el cumplimiento en la Tierra no sucederá si no comprendemos la autoridad. Para tener victoria en nosotros, no podemos dejar a un lado La Biblia. Por tanto, debemos comprender el rol de la autoridad en nuestra vida. Los siguientes son algunos factores importantes para ser personas correctamente ubicadas detrás de la autoridad que Dios ha puesto en nuestra vida.

Mentores. A pesar de que mi padre terrenal no era un buen reflejo del Señor, Dios siempre se ocupó de que hubiera padres espirituales en mi vida que me dieron orientación y guía. Después que murió mi papá, Dios llevó mi vida a un tío de sangre. Luego, mi madre conoció a un hombre maravilloso que posteriormente se convirtió en mi padrastro y me indicó claramente que asistiera a la Universidad A&M de Texas. Más tarde, el Señor puso a un pastor que fue clave en mi vida, luego, un líder de misiones, y finalmente, a un maravilloso líder apostólico detrás de quien me he alineado, C. Peter Wagner. Siempre valoré grandemente esas relaciones y me sujeté a ellas.

Pero no toda la autoridad en mi vida provino de hombres. Ha habido muchas mujeres a quienes también considero autoridades espirituales y a quienes me he sujetado. Mi madre y mi abuela, sin duda, están entre ellas. Dios puso a una mujer de Dios llamada Lacelia Henderson en mi vida después que fui bautizado en el Espíritu Santo, para enseñarme sobre la vida espiritual. En años más recientes, tuve el privilegio de que fuera mi mentora Doris Wagner, una maravillosa administradora, con quien trabajé bajo su supervisión en *Global Harvest Ministries*. Todos los que fueron mis mentores, tanto hombres como mujeres, tuvieron roles cruciales en el cumplimiento de las profecías sobre mi vida.

Disciplina. Someterse a la autoridad siempre trae disciplina a nuestra vida. En este contexto, la palabra "disciplina" no significa castigo, sino más bien una fortaleza interior y un camino por medio del cual Dios puede obrar en nuestra vida. En su clásico libro *Celebration of Discipline* (*Celebración de la disciplina*), Richard J. Foster dice: "Dios nos ha dado la [disciplina] de la vida espiritual como un medio para recibir su gracia. [La disciplina] nos permite ubicarnos delante de Dios para que Él pueda transformarnos".[6] Mi hermano Keith, sencillamente, lo expresa así: "La disciplina define el don".

Libertad. Me encanta este versículo: *"No obstante, hoy te libero de las cadenas que te sujetan las manos. Si quieres venir conmigo a Babilonia, ven, que yo te cuidaré. Pero si no quieres, no lo hagas. Mira, tienes ante tus ojos toda la tierra: ve adonde más te convenga"* (Jeremías 40:4). En otras palabras, después que Jeremías hizo lo que el Señor le había pedido hacer, Él le dio libertad para elegir adónde ir en el futuro. La palabra *libertad* significa "abrir, desatar, liberar, aflojar, quitar las cadenas". Suele hacer referencia a abrir las manos, los ojos o la boca. Richard Foster afirma:

Cada disciplina tiene su correspondiente libertad. ¿Qué libertad corresponde a la sumisión? Es la capacidad de dejar la terrible carga de tener siempre que hacer las cosas a nuestra manera. La obsesión de exigir que las cosas salgan como nosotros queremos es una de las ataduras más grandes de la sociedad humana (...) En la sumisión, somos, al menos, libres para valorar a otras personas. Sus sueños y sus planes se vuelven importantes para nosotros (...) Por primera vez, podemos amar incondicionalmente a las personas.[7]

Como hemos mencionado, nuestro destino profético siempre está relacionado con lo que Dios está obrando en las vidas de aquellos con quienes estamos conectados, en los territorios en que vivimos, y en las generaciones anteriores y futuras. A medida que nos sometemos a la autoridad, recibimos la libertad de ver el plan general de Dios y comprender la parte que debemos cumplir en él. Entender la autoridad en nuestra vida, realmente, nos da libertad.

Orden. Todo lo que Dios ha creado tiene orden. Una de las principales metas de Satanás es contrarrestar las obras de Dios desbaratando su orden. Por lo tanto, él trabaja para crear desunión, desconfianza, confusión, desobediencia, falta de efectividad y, en última instancia, destrucción, rompiendo la estructura de autoridad puesta por Dios. Cuando decidimos someternos a las estructuras de autoridad de Dios en nuestra vida, restauramos y mantenemos su plan de orden y avanzamos a grandes pasos hacia el cumplimiento profético.

Dios tiene un prototipo de orden para la Iglesia. 1 Corintios 12:28 dice: *En la iglesia Dios ha puesto, en primer lugar, apóstoles; en segundo lugar, profetas; en tercer lugar, maestros; luego los que hacen milagros; después los que tienen dones para sanar enfermos, los que ayudan a otros, los que administran y los que hablan en diversas lenguas.* Esto no significa que cada don opere fuera de su propia autoridad; significa que, mientras estos dones no estén adecuadamente ordenados, no veremos manifestado en la Tierra el modelo dado por Dios de lo que Él tiene en el cielo. Así funciona el orden. Una vez que nos ponemos en orden (una expresión militar), estamos correctamente ubicados para la victoria.

Cobertura. La palabra *cobertura* significa *"protección, ocultamiento, calidez, escondido de la vista o ubicado en un lugar seguro".* Estar correctamente alineados tras la autoridad produce esto en nuestra vida. Si permanecemos bajo nuestra autoridad, el enemigo tiene muchos menos medios a su disposición para atacarnos porque estamos cubiertos u ocultos a sus ojos. El Salmo 91 es un bello ejemplo de cobertura bajo la autoridad del Señor:

El que habita al abrigo del Altísimo se acoge a la sombra del Todopoderoso. Yo le digo al Señor: «Tú eres mi refugio, mi fortaleza, el Dios en quien confío.» Sólo él puede librarte

de las trampas del cazador y de mortíferas plagas, pues te
cubrirá con sus plumas y bajo sus alas hallarás refugio. ¡Su
verdad será tu escudo y tu baluarte! No temerás el terror de
la noche, ni la flecha que vuela de día (vv. 1-5).

Claridad. Dios suele dar a quienes están en autoridad sobre
nosotros una comprensión sobrenatural de nuestra vida. Su sabiduría y su consejo pueden darnos la claridad de visión necesaria
para avanzar, que quizá no poseamos por nosotros mismos. Naturalmente, debemos sopesar sus consejos con el discernimiento
que Dios nos ha dado y tener cuidado de quienes traten de abusar
de su autoridad controlándonos. No obstante, tenemos que estar
abiertos a recibir la claridad y la sabiduría de Dios a través de
nuestras estructuras de autoridad.

Conexiones. Muchas veces, nuestro destino no se cumple porque no estamos correctamente conectados con los demás en el
Cuerpo de Cristo. Como dijimos antes, Watchman Nee dijo: "Una
vez que aprendemos a quién debemos sujetarnos, encontramos
naturalmente nuestro lugar en el cuerpo".[8] En La Biblia, hay conexiones increíbles de personas que facilitaron el cumplimiento de
los propósitos de Dios. En el Antiguo Testamento, Débora y Barac
son un ejemplo; Ester y Mardoqueo son otro ejemplo.

En el Nuevo Testamento, Pablo y Bernabé representan este tipo
de conexión, y el destino de Pedro se cumplió cuando Andrés
lo conectó con Jesús. El Señor, entonces, profetizó en la vida de
Pedro el plan completo de redención que Dios tenía para él (ver
Juan 1:51).

El propósito profético de Dios para nuestra vida y nuestro territorio hace necesario que estemos conectados unos con otros.
Debemos saber con quién nos ha unido Dios soberanamente,
mantener firmes alianzas con esas personas y respetar a quienes
tienen autoridad sobre nosotros. Comprender y mantener las conexiones adecuadas es otra forma de destruir los planes de Satanás, porque le resultará más difícil infiltrarse en nuestras filas.

Sanidad. *"¿Está enfermo alguno de ustedes? Hagan llamar a los ancianos de la iglesia para que oren por él y lo unjan con aceite en el nombre del Señor"* (Santiago 5:14). Durante el tiempo en que mi esposa Pam era sanada de su esterilidad, llegó el momento en que fue a ver a nuestro pastor y le pidió que orara por ella, y él lo hizo. Sinceramente, creo que no se hubiera roto esa esterilidad si ella no hubiera obedecido el mandato de Santiago 5. Cuando mi esposa se sometió a la autoridad bíblica y pidió oración, comenzó una progresión de hechos que la liberaron y la sanaron.

Fe. En nuestro libro *The Future War of the Church* (*La futura guerra de la iglesia*), Rebecca y yo explicamos la relación entre autoridad y fe:

> El Señor me mostró que si comenzaba a comprender y analizar cada autoridad que tenía influencia en mi vida, comenzaría a operar en un nuevo nivel de fe. La fe está relacionada con la autoridad. En la medida que nos sometemos a la autoridad que Dios ha puesto en nuestra vida, nuestra fe tiene oportunidad de extenderse y fortalecerse. La fe es el agente de victoria que tiene el pueblo de Dios en esta Tierra (vea Juan 14:12); por tanto, para que la iglesia venza, debemos comprender la correcta autoridad y someternos a ella.[9]

Poder. Estar correctamente alineados con la autoridad, tanto con quienes tienen autoridad sobre nosotros como con aquellos sobre quienes tenemos autoridad, es una clave para el poder. En Mateo 8 hay una historia sobre un centurión que rogó a Jesús que sanara a su siervo enfermo: *"Señor, no merezco que entres bajo mi techo. Pero basta con que digas una sola palabra, y mi siervo quedará sano. Porque yo mismo soy un hombre sujeto a órdenes superiores, y además tengo soldados bajo mi autoridad"* (vv. 8-9). Este centurión pudo buscar al Señor y lograr la sanidad de su siervo porque se sometió a la autoridad de Cristo y usó su propia autoridad para pedir sanidad para alguien que estaba debajo de él. Este hombre comprendía cuál era su lugar en la estructura de autoridad, y eso le daba poder para ayudar a quienes tenía a su cargo.

Sexto:
Debemos tener un espíritu perseverante para lograr un avance

El cumplimiento profético es un proceso; algunas veces, un proceso muy largo, que puede llegar a ser una prueba para nuestra capacidad de perseverar y creer que Dios hará todo lo que ha prometido. El infierno no quiere que usted avance con fuerza. Se necesita perseverancia para quebrar los procesos que el infierno ha puesto en marcha en contra de su promesa y su destino. Por lo tanto, trate siempre de estar cerca de Dios para poder perseverar en esos momentos difíciles. Me encanta la manera en que mi querida amiga Barbara Yoder explica cómo perseverar para lograr un avance firme en su libro *The Breaker Anointing* (*La unción de la ruptura*):

> **El cumplimiento profético es un proceso; algunas veces, un proceso muy largo, que puede llegar a ser una prueba para nuestra capacidad de perseverar y creer que Dios hará todo lo que ha prometido.**

Dios tiene mucho para que poseamos, pero tomar posesión es algo que requiere gran fe y perseverancia. Dios continuamente pone delante de nosotros nuevos desafíos para desarrollar nuestra fe y perseverancia en un nivel más profundo. Debemos recordar continuamente lo que Dios indicó a los israelitas en Jueces 3:1-4:

Las siguientes naciones son las que el SEÑOR dejó a salvo para poner a prueba a todos los israelitas que no habían participado en ninguna de las guerras de Canaán. Lo hizo solamente para que los descendientes de los israelitas, que no habían tenido experiencia en el campo de batalla, aprendieran a combatir. Quedaron los cinco príncipes de los filisteos, todos los cananeos, y los sidonios y heveos que vivían en los montes del Líbano, desde el monte de Baal Hermón hasta Lebó Jamat. Allí los dejó el SEÑOR para poner a prueba a los israelitas, a ver si obedecían sus mandamientos, que él había dado a sus antepasados por medio de Moisés.

Quizá, en cierto punto, decidamos abandonar, porque un portal parece inconquistable. Quizá estemos cansados y agotados por la batalla. Quizá queramos sentarnos, descansar un poco y dejar todo. Tenemos la opción de sentarnos y vivir una vida cómoda. Pero, si lo hacemos, nunca alcanzaremos nuestro potencial, porque el temor o el cansancio nos atraparon en el umbral. Cuando tomamos esta decisión, no llegamos a alcanzar nuestro destino.

Pablo dijo que continuaba avanzando hacia aquello por lo cual había sido asido para lograrlo (ver Filipenses 3:12-14). Dios había asido a Pablo, no solo para convertirlo, sino para usarlo con el fin de cumplir un gran ministerio: llevar el evangelio a los gentiles de muchas naciones. Pablo continuó avanzando, a pesar de muchas pruebas.[10]

Séptimo:
El cumplimiento profético requiere humildad

Como hemos visto a lo largo de todo el capítulo, no alcanzaremos nuestro destino profético separados de los demás. Dependemos unos de otros. No hay lugar para el orgullo en esta ecuación. Esto también nos mantiene humildes, sabiendo que a menos que Dios nos dé las fuerzas, el poder y la sabiduría, no podemos avanzar. Él solo usará a personas santas y humildes para construir su reino en los días por venir. En una enseñanza sobre la humildad dictada recientemente, Peter Wagner cita lo siguiente de Andrew Murray:

Solo tenemos que pensar un momento qué es la fe. ¿No es confesar que no somos nada, que estamos desesperados, rendirnos y esperar que Dios obre? ¿No es, en sí misma, lo más humillante que puede haber: aceptar nuestro lugar de dependencia, sin reclamar, ni recibir ni hacer nada más que lo que la gracia otorga?[11]

Nunca podremos alcanzar nuestro destino, ni siquiera inhalar nuestro próximo aliento, fuera de la gracia y la misericordia de Dios. No importa cuáles sean las promesas proféticas para nosotros, quiera el Señor que nunca lleguemos al punto en que olvidemos que somos solo polvo que ha experimentado el toque de Dios. Es solo por Él y por medio de aquellos con quienes Él nos ha conectado que lograremos el propósito para el cual Él nos formó.

- 5 Watchman Nee, *Autoridad espiritual,* Ed.Vida.
- 6 Richard J. Foster, *Celebration of Discipline* (San Francisco: Harper and Row Publishers, 1988), pág. 7.
- 7 Ibíd., págs. 111-112.
- 8 Watchman Nee, *Autoridad espiritual,* Ed.Vida.
- 9 Chuck D. Pierce y Rebecca Wagner Sytsema, *The Future War of the Church* (Ventura, CA: Regal Books, 2001), pág. 32.
- 10 Bárbara Yoder, *The Breaker Anointing* (Ventura, CA: Regal Books, 2001), págs. 53-54.
- 11 Andrew Murray, *Humility* (New Kensington, PA: Whitaker House, 1982), pág. 68.

Capítulo 3

Guerra con la palabra profética

Timoteo, hijo mío, te doy este encargo porque tengo en cuenta las profecías que antes se hicieron acerca de ti. Deseo que, apoyado en ellas, pelees la buena batalla.

1 Timoteo 1:18

Hasta ahora, hemos hablado mucho de destino y cumplimiento profético, pero no hemos hablado de la profecía en sí misma. Este capítulo está dedicado a comprender el rol que la profecía juega en nuestra vida, y cómo hacer guerra con las profecías que recibimos.

Comprendamos las profecías personales

Una definición simple de profecía es declarar lo que Dios tiene en su corazón y en su mente, bajo la inspiración del Espíritu Santo. Por lo tanto, para dar una palabra de Dios precisa, debemos tener tanto su mente como su corazón al dar esa palabra. Una declaración profética comunica la intención de Dios de cumplir las promesas que nos ha hecho. Recibir una palabra profética puede tener un impacto poderoso en la percepción de nuestro destino profético. Esta palabra puede ayudar a moldear nuestra visión para el futuro y llevarnos a un entendimiento más profundo de lo que Dios desea para nuestra vida.

En nuestro libro *Cómo se recibe la Palabra del Señor*, Rebeca y yo hablamos en mayor detalle del valor, el proceso y la función de la profecía, y ofrecemos diversos métodos para probar una palabra profética. Ese libro ayuda a cualquier persona que necesite una explicación básica de lo que es la profecía personal. Pero, en el contexto de este libro, queremos concentrarnos en la profecía, en lo relativo al cumplimiento profético. Para hacerlo, primero, debemos ver más de cerca varios aspectos de cómo la profecía funciona en nuestra vida.[12]

> **Debemos ser sensibles a la obra de Dios que preparará un terreno fértil en el cual el cumplimiento profético florecerá en plenitud.**

La profecía es incompleta

"*Porque conocemos y profetizamos de manera imperfecta*" (1 Corintios 13:9). No hay palabra de profecía, personal o colectiva, que sea completa en sí misma. En su excelente libro *Desarrolle sus dones proféticos*, Graham Cooke dice: "Dios solo revela lo que necesitamos para hacer su voluntad en un momento y un lugar determinados. Las cosas que no desea que sepamos, las mantiene secretas para quien profetiza. Eliseo dijo: '*El SEÑOR me ha ocultado lo que pasa*' (2 Reyes 4:27). En otras palabras: '¡No lo sé!'".[13]

Cooke continúa diciendo: "Lo extraño es que una profecía puede dar información positiva sobre el rol o las tareas que nos esperan en el futuro, pero quizá no diga nada sobre los obstáculos que encontraremos. Quizá no haga referencia a la oposición del enemigo, a personas que nos traicionarán o a cualquier otra terrible decepción que posiblemente suframos mientras intentamos ser fieles a nuestro llamado".[14]

Quizá Dios nos dé un poco de revelación aquí y otro poco allá. Al mirar atrás, quizá nos preguntemos por qué no nos dijo esto o aquello, o por qué nos dio algún detalle aparentemente sin importancia. Pero Dios siempre sabe lo que está haciendo cuando nos revela lo que hay en su corazón por medio de una profecía. Es algo en lo que, sencillamente, debemos confiar. La profecía puede señalar un camino, pero debemos seguir al Señor cada día y confiar en Él a medida que proseguimos por ese camino. El cumplimiento profético viene cuando avanzamos por la senda que nos fue señalada por medio de la profecía personal.

La profecía evoluciona

Si seguimos al Señor en obediencia, Él nos dará la siguiente parte de la información. No nos dirá lo que quiere que hagamos tres pasos más adelante en el camino; nos dará la información paso a paso. Así sucedió con Abraham. Dios le daba un poco de información aquí y otro poco allá. Cada vez que Abraham obedecía, Dios le hablaba para confirmar y expandir la profecía que le había dado, proporcionarle nuevos datos y ayudarlo a avanzar hasta el próximo punto. Una dimensión emocionante de la evolución profética de Abraham se produce en Génesis 22, cuando Dios se revela como Jehová Jireh ante él. Este nombre de Dios significa, en realidad, que Él revelará una provisión que no podemos ver, para que podamos avanzar hacia nuestro futuro. Otro tremendo concepto en este capítulo es que Dios profetizó la siguiente parte del destino de Abraham en su hijo Isaac. Por tanto, lo que él no pudo lograr o completar, pasó a la siguiente generación.

Así funciona la profecía. Cada palabra profética es incompleta, pero, a medida que obedecemos fielmente a Dios, recibimos nuevas piezas del rompecabezas. Las profecías recientes se basan en las anteriores, y nos dan confirmación y un nuevo entendimiento. Cooke escribe: "El Señor nunca nos revela la totalidad de lo que hay en su corazón en una sola palabra profética. En cambio, nos habla palabras que nos ayudan a enfocarnos en el ahora y el futuro inmediato. A medida que trabajamos sobre esa profecía, y permitimos que nuestra vida reciba aliento y sea modelada por ella, podemos ver que la profecía va creciendo de una palabra a otra".[15]

La profecía es condicional

La clave para el proceso de la profecía es la obediencia. Dios no usurpa nuestra voluntad para obligarnos a hacer la suya. María, por ejemplo, podría haber dicho que no al pronunciamiento profético de que iba a tener un hijo. Por contrario: *"Aquí tienes a la sierva del Señor —contestó María—. Que él haga conmigo como me has dicho"* (Lucas 1:38). Si hubiera dicho que no a la profecía, el Espíritu Santo jamás la hubiera obligado a quedar encinta.

Aunque María no comprendía completamente cómo podía concebir, ni captaba la magnitud de aquello para lo que había sido elegida, sabía, sin embargo, que por medio de esa palabra profética, Dios le había revelado su destino para su vida. Cuando decidió obedecer, la palabra se cumplió, y la raza humana tuvo acceso a la plenitud del plan redentor para ella.

La condición de obediencia del Espíritu Santo no es un factor negociable para el cumplimiento profético. En algunas versiones del Antiguo Testamento, la palabra "fe" se utiliza muy pocas veces. Pero el concepto de fe estaba incorporado en la obediencia del pueblo de Dios, basada en la promesa que Él les había dado. Al obedecer, las personas que formaban el pueblo de Dios se convirtieron en padres y madres de nuestra fe. Por tanto, cuando la palabra de Dios viene a nosotros, siempre debemos buscar el factor obediencia.

Como mencionamos en el último capítulo, el hecho de que hayamos recibido una palabra profética no significa que todo esté resuelto. Con frecuencia nos sentimos tentados a creer que su cumplimiento es el siguiente paso en nuestra vida, pero puede haber cosas que debamos hacer primero en obediencia a Dios. Abraham, por ejemplo, tuvo que ser circuncidado antes de ver el cumplimiento de su profecía (vea Génesis 17:23). Y luego pasó la tremenda experiencia de poner a su único hijo, Isaac, en el altar (ver Génesis 22:1-19). "Único hijo" significa que todo el futuro de Abraham dependía de esa persona. Pero esa era la condición que Dios había puesto para poder revelarle y extender su promesa a la próxima generación.

Agreguemos una nota de aclaración: hay algunas profecías que no conllevan condiciones, y solo Dios las cumple. Dios es soberano. Puede hacer lo que Él quiera. Pero, generalmente, en su plan, prepara las cosas de manera que nosotros debamos aceptar algo que Él dispone. Por tanto, las palabras que decide cumplir soberanamente, en general, se refieren a toda la raza humana, más que a una profecía personal. Esto no significa que su gracia divina no pueda intervenir en cualquier momento en nuestra vida, pero sí hace que lo busquemos activamente.

La profecía tiene sus tiempos

Una de las primeras palabras proféticas que vino sobre mi vida fue: "Tendrás la unción de conocer los tiempos y las sazones de Dios; te moverás sobrenaturalmente en sus tiempos". En ese momento, yo no tenía idea de lo que significaba esa palabra. Pero, si ha habido una unción que Dios me ha dado en mi vida, es la que muchos podrían llamar "la unción de Isacar" (ver 1 Crónicas 12:32).

Debemos entender los tiempos de Dios y no salirnos de ellos. En el capítulo 1, hablamos de los momentos de cumplimiento, cuando Dios dice "ahora" en nuestra vida. No toda palabra profética es dada de esta forma. La profecía que Daniel descubrió a los hijos de Israel debió permanecer latente durante setenta años antes que llegara su cumplimiento. Recibir una palabra sobre un ministerio futuro quizá no signifique que debamos salir corriendo en esa dirección al día siguiente. Un entusiasmo mal dirigido como este puede hacer que nos salgamos de los tiempos de Dios y seamos menos eficaces en lo que Él nos ha llamado a hacer, que si hubiéramos esperado en su tiempo. Es como un bebé nacido prematuramente. Está vivo, pero tendrá más debilidades, complicaciones y obstáculos para superar en su desarrollo. Quizá nunca llegue a alcanzar la plenitud del potencial que hubiera alcanzado de haber nacido a término.

Debemos ser sensibles a la manera en que Dios desarrolla la

enseñanza y la guía a través de las circunstancias de nuestra vida, que brindarán un suelo fértil en el cual el cumplimiento profético puede florecer en plenitud. De la misma manera, tenemos que saber cuándo avanzar en el cumplimiento de una palabra profética. Cuando conocí a Rebecca Sytsema, ella era soltera. Había recibido promesas del Señor sobre su futuro esposo, pero aún no lo había conocido. En 1994, varios de nosotros nos estábamos preparando para ir a una conferencia sobre guerra espiritual, y Rebecca soñó que iba a conocer a su esposo en esa conferencia. Inmediatamente, supe que estaba en lo cierto.

Cuando me puse al teléfono para hacer la reserva de la habitación del hotel para Rebecca, la recepcionista me dijo que no había cuartos disponibles. Sin dudar, le dije: "¡Tiene que encontrarle un cuarto! Su esposo la está esperando allí". Sin pedir más explicaciones sobre lo que quería decir con esas palabras, la gente del hotel le encontró una habitación.

Fue durante esa conferencia que Rebecca conoció a Jack Sytsema. Dos años después, yo conduje la ceremonia de su boda, y desde entonces, han tenido tres hijos y van bien encaminados hacia todo lo que Dios tiene para sus vidas. Pero ¿y si Rebecca no hubiera ido a esa conferencia? No puedo decir que nunca hubiera conocido a Jack, pero se hubiera perdido un momento de cumplimiento y hubiera tenido que esperar más tiempo de lo que Dios deseaba para avanzar en el desarrollo de su profecía.

Esto debería darles grandes esperanzas a quienes esperan el cumplimiento de una promesa similar. Dios tiene los tiempos y los momentos preparados. No se adelante a los tiempos de Dios…, ¡pero esté preparado para actuar cuando llegue el momento!

El problema de las presunciones

Otro peligro que podemos encontrar con las profecías personales, además de no avanzar acorde con los tiempos de Dios, es actuar basándonos en presunciones. En otras palabras, recibimos una profecía y, en lugar de permitir que el Señor la desarrolle en nuestra vida, presumimos que sabemos exactamente qué significa y tratamos de forzar su cumplimiento. Quizá la palabra sea correcta, pero nos movemos en una dirección equivocada al interpretarla. Cuando Jesús estaba en el desierto, Satanás citó pasajes bíblicos y trató de hacerlo actuar basándose en ellos (vea Lucas 4:1-13). Pero Jesús venció el espíritu de presunción y desafió los esfuerzos de Satanás por hacer que actuara fuera de los tiempos de Dios.

Al enemigo no le importa qué recurso extremo utiliza para hacernos caer en incredulidad. Puede usar la duda y la dureza de corazón para impedir que avancemos en el tiempo correcto, o puede usar la presunción para hacer que avancemos antes de tiempo. Cuando actuamos según presunciones, abrimos la puerta para ataques del enemigo totalmente innecesarios sobre nosotros y nuestra familia. Debemos tener cuidado de no presumir cuándo y cómo Dios va a producir el cumplimiento profético. Debemos recordar que nosotros solo vemos parte del cuadro.

La forma de evitar la trampa de la presunción es obedecer al Señor en lo que sabemos que es el próximo paso. En su libro *The Voice of God* (*La voz de Dios*), Cindy Jacobs ofrece la siguiente lista de preguntas que pueden ayudarnos a no movernos impulsados por presunciones cuando estamos listos para hacer algún cambio, basándonos en una palabra profética:

- ¿Es esto coherente con todo lo demás que Dios me ha dicho acerca de mi vida?
- ¿Cómo afectará mis actuales responsabilidades? Por ejemplo, ¿podré atender las necesidades materiales de mi familia? ¿Será estresante para ellos? ¿Están ellos dispuestos a sacrificar lo necesario, si yo hago estos cambios en mi vida?
- ¿He llegado a un nivel de madurez en mi vida que me permita realizar con integridad las nuevas tareas o los nuevos cambios, o corro peligro de flaquear por no estar debidamente preparado?

- ¿Dan testimonio de esta palabra otros hermanos en el Señor, especialmente quienes tienen autoridad sobre mí?[16]

Ir a la guerra

Después de presentar algunos aspectos básicos relativos a la profecía personal que es importante que comprendamos, veamos ahora la guerra espiritual que, generalmente, es necesaria para que se cumpla la profecía. Así como Dios tiene un plan para su vida, podemos estar seguros de que Satanás también tiene un plan. Él considera que su tarea es arruinar cualquier plan o propósito que Dios tenga para usted, su familia y su territorio. Esa es la esencia misma de la guerra espiritual. ¿Qué plan prevalecerá?

En 1 Timoteo 1:18-19, Pablo dice: *"Timoteo, hijo mío, te doy este encargo porque tengo en cuenta las profecías que ante se hicieron acerca de ti. Deseo que, apoyado en ellas, pelees la buena batalla y mantengas la fe y la buena conciencia. Por no hacerle caso a su buena conciencia, algunos han naufragado en la fe"*. ¿Ha recibido usted alguna promesa profética sobre sus hijos, pero ve que ellos no están tomando decisiones sabias? ¿Tiene promesas proféticas sobre ministerio, economía, dirección futura, fin de la esterilidad o cualquier otra cosa? Teniendo en cuenta lo que hemos hablado en este capítulo sobre la obediencia, los tiempos, la presunción y la evolución profética, pregunte al Señor si el enemigo está obrando para impedir el cumplimiento de su profecía. Si es así, ¡es hora de ir a la guerra! Como dice Jim Goll: "Una vez que tenga la seguridad de una auténtica promesa profética, ¡cárguela, apunte y haga fuego! Libre la batalla y haga guerra con la profecía".[17]

Ore la palabra profética

La palabra de Dios tiene un poder extraordinario. Recuerde que fue simplemente por medio de su palabra que Él creó la luz: *"Y dijo Dios: «¡Que exista la luz!» Y la luz llegó a existir"* (Génesis 1:3). Por medio de su palabra, solamente, creó el día y la noche, la tierra y los cielos, la tierra seca y el mar, la vegetación y todo ser vivo. Todo lo que fue creado, existe por la palabra de Dios. Además, como dice Juan 1, Jesús es el Verbo, la Palabra de Dios: *"En el principio ya existía el Verbo, y el Verbo estaba con Dios, y el Verbo era Dios (...) Y el Verbo se hizo hombre y habitó entre nosotros. Y hemos contemplado su gloria, la gloria que corresponde al Hijo unigénito del Padre, lleno de gracia y de verdad"* (Juan 1:1, 14). Por lo tanto, la palabra de Dios no solo nos da nuestro ser, sino también nos brinda nuestra redención y confirma nuestro futuro en Cristo.

Cuando Dios pronuncia una promesa profética, hay poder en esas palabras. Hay poder para obtener lo que necesitamos. Hay poder para ascender a un nuevo nivel de fe. Y hay poder para vencer al enemigo. Nuestras propias palabras también tienen una cierta medida de poder en sí. Nuestras palabras tienen el poder de bendecir y de maldecir (vea Santiago 3:9). Nuestras palabras tienen el poder de la vida y la muerte (vea Proverbios 18:21). Y nuestras palabras pronunciadas en oración pueden mover la mano de Dios y pueden detener las maniobras destructivas de Satanás. Por lo tanto, cuando tomamos una palabra profética que Dios nos ha dado y la repetimos a Dios en oración, es una combinación muy potente. Jim Goll nos recuerda:

> Algunas veces, debemos declarar la palabra [profética] a nuestras circunstancias y a cualquier montaña de oposición que se interponga en el camino. Nos recordamos la promesa que nos espera, y le recordamos al diablo, y ordenamos a todo espíritu maligno —por ejemplo, el espíritu de desánimo— que retroceda, declarando lo que las promesas escritas y habladas de Dios revelan. Cada uno de nosotros tiene propósitos, promesas y un destino para hallar, por el cual luchar y para cumplir. Entonces, tome su "Así ha dicho el Señor" para luchar, y ¡a la batalla![18]

¿Contra qué luchamos?

Basándonos en La Palabra de Dios, podemos determinar las siguientes cinco áreas de conflicto:

1. **El diablo**. Satanás y sus demonios afectan a la mayoría de nosotros. Esto incluye a los cristianos (vea 1 Pedro 5:8). Satanás tiene una jerarquía y hordas por debajo de él que se unen para detener los propósitos de Dios.

2. **La carne**. La carne trata de aferrarse con todas sus fuerzas, en lugar de someterse al poder de la cruz para ser crucificada. Gálatas 5:24 dice que debemos crucificar nuestra carne cada día. Sin esta crucifixión diaria, le damos al diablo el derecho de tentarnos y engañarnos.

3. **Los enemigos**. Muchas veces, espíritus malignos penetran en personas o grupos de personas, y los usan para oponerse al plan de Dios en la vida de otros (vea Efesios 6:12).

4. **El mundo**. El dios de este mundo controla el sistema mundano (vea 2 Corintios 4:4). Aunque no somos parte de este sistema, vivimos en él. Este sistema tiene tanto un aspecto religioso como uno gubernamental que debemos comprender para poder movernos exitosamente en este mundo sin ser parte de él.

5. **La muerte**. La muerte es nuestro enemigo final. Jesús venció a la muerte, y debemos luchar contra las estrategias de esta hasta que hayamos completado el ciclo de nuestra vida en la Tierra (vea 1 Corintios 15:26). Con el Espíritu de Dios, podemos vencer.

Si no combatimos estas cosas, nunca poseeremos la herencia que Dios nos ha dado.

Una estrategia de guerra

Debido a aquello contra lo que luchamos, debemos tener una estrategia de guerra para nuestra vida. Además del poder de orar la palabra profética a Dios, La Biblia nos da muchas otras estrategias de batalla en lo referido al cumplimiento profético. Encontramos un ejemplo excelente en 2 Crónicas 20. En este pasaje, varios enemigos de Judá se reunieron para formar una confederación contra esta y estaban planeando invadir la tierra que Dios había destinado y prometido.

En obediencia al Señor, el pueblo de Judá no había invadido previamente a aquellos que ahora se levantaban para robar lo que pertenecía, por derecho, a Judá. No había dudas de que las fuerzas unidas de todos esos enemigos podrían vencerlos fácilmente. Josafat, que era un rey piadoso, clamó al Señor pidiéndole una estrategia para la guerra a la que se enfrentaban. Al hablar al pueblo, el rey dijo: *"¡Confíen en el SEÑOR, y serán librados! ¡Confíen en sus profetas, y tendrán éxito!»"* (2 Crónicas 20:20). El rey reunió a la nación, y siguieron estos pasos:

1. **Ayunaron.** (Vea el v. 3). Una de las más grandes armas que tenemos en la guerra espiritual es el ayuno. En *Possessing Your Inheritance*, Rebecca y yo decimos: "Ayunar es una disciplina que la mayoría de las religiones y las sectas comprenden, porque este sacrificio libera poder. Para los cristianos, ayunar es fundamental. Con frecuencia, no podemos recibir la revelación que necesitamos para dar el próximo paso sin ayuno (...) El ayuno remueve el desorden espiritual y nos posiciona para poder recibir de Dios. Al ayunar, hacemos posible que el Señor se revele más poderosamente a nosotros, no porque Él hable más claramente cuando ayunamos, sino porque nosotros podemos escucharlo con mayor claridad".[19]

2. **Consultaron al Señor.** (Vea el v. 4). Esta era una estrategia que David utilizaba con frecuencia cuando sus enemigos estaban a punto de vencerlo. Cada vez que David consultó al Señor, recibió una revelación estratégica que lo llevó a la victoria (vea 1 Samuel 23:2, 4; 30:8). Como

David y el pueblo de Judá, cuando estamos en guerra y consultamos al Señor, debemos esperar que nos responda de forma que nos brinde estrategia y dirección.

3. **En fe, declararon los límites que Dios les había dado, y le recordaron sus promesas de lo que iban a heredar.** (Vea el v. 7) Como hemos explicado antes, el pueblo de Judá oró la profecía que Dios le había dado, con fe. Permitieron que su fe creciera. La fe es la pausa entre saber cuál es el plan de Dios y verlo cumplirse efectivamente.[20] Según Jim Goll, "tome cualquier promesa que el Espíritu Santo le haya dado y conviértala en una oración persistente, recordándole a Dios su palabra (...) Use estas palabras celestiales confirmadas, auténticas, para crear fe en su corazón. Utilícelas para que preparen el camino para una fe cada vez mayor en su vida".[21]

4. **Reconocieron su propia futilidad y que serían vencidos por el enemigo si no mantenían su mirada fija en Dios.** (Vea el v. 12). Aun cuando nos sintamos impotentes y desesperanzados frente a los ataques mortales de Satanás, debemos recordar que nuestra perspectiva es muy diferente de la de Dios. Si nos concentramos solo en las circunstancias que nos rodean, Satanás usará lo que vemos con nuestros ojos para desalentarnos y quitarnos la esperanza y el gozo, y lograr que nos venza el temor. Pero cuando mantenemos nuestra mirada fija en Dios, trascendemos nuestras circunstancias, aquietamos nuestro corazón y nuestra mente, y nos concentramos en el Señor y en sus promesas. El Salmo 25:15 dice: *"Mis ojos están puestos siempre en el SEÑOR, pues sólo él puede sacarme de la trampa"*.

5. **Se ubicaron de manera de enfrentar al enemigo.** (Vea el v. 17). Ubicarse es un elemento crucial en cualquier guerra. Si no estamos en posición cuando el enemigo

llega, fácilmente nos vencerá. Por tanto, debemos estar seguros de que estamos obedeciendo totalmente todo lo que el Señor nos ha requerido y que andamos en el camino que Él preparó para nosotros. Luego, vestidos de toda la armadura de Dios, estaremos listos para enfrentar al enemigo cuando nos ataque. Debemos preguntarnos: ¿estamos en el lugar donde debemos estar?, ¿debemos cambiar de curso o de dirección para ubicarnos en la posición correcta?

6. **Buscaron consejo.** (Vea el v. 21). Es vitalmente importante que nos rodeemos de aquellos que pueden darnos consejos sabios. Satanás es un maestro del engaño tan consumado que, si estamos solos, fácilmente podemos caer ante él. He oído a Cindy Jacobs decir muchas veces: "Si no crees que puedes ser engañado, ¡ya has sido engañado!". Si no estamos bajo la autoridad espiritual de quienes son sabios en los caminos del Señor y no pedimos su consejo con frecuencia, debemos pedir a Dios que nos ponga en tal posición antes de lanzarnos a la guerra espiritual.

7. **Adoraron y alabaron al Señor.** (Vea el v. 22). Quizá no haya arma de guerra espiritual más poderosa que la alabanza y la adoración al Señor. Satanás odia que adoremos a Dios, porque está celoso de ello y anhela lograr que lo adoremos a él por cualquier medio. También sabe que el arma de la adoración es poderosa y eficaz. Estudie las palabras del Salmo 149:5-9:

> Que se alegren los fieles por su triunfo; que aun en sus camas griten de júbilo. Que broten de su garganta alabanzas a Dios, y haya en sus manos una espada de dos filos para que tomen venganza de las naciones y castiguen a los pueblos; para que sujeten a sus reyes con cadenas, a sus nobles con

grilletes de hierro; para que se cumpla en ellos la
sentencia escrita. ¡Ésta será la gloria de todos sus
fieles! ¡Aleluya! ¡Alabado sea el SEÑOR!

Cindy Jacobs explica otra importante razón por la que
Satanás odia que adoremos a Dios: "Cuando alabamos a
Dios, Él entra en nuestras alabanzas, habita en ellas, y su
poder supera el del enemigo. Él es un Dios poderoso, y
Satanás no puede competir con su fuerza. La luz disipa
las tinieblas cuando Dios habita en nuestra alabanza".[22]

Por medio de la alabanza, el Señor mismo comienza
a hacer guerra a nuestro favor para silenciar a nuestro
enemigo.

La victoria

La Biblia dice que, cuando el pueblo de Judá buscó de todo corazón a Dios y siguió la estrategia que Él les había dado, debieron
permanecer quietos y permitir que el Señor batallara por ellos (vea
2 Crónicas 20:17). Finalmente, fue el Señor quien puso embosca-
das al enemigo y lo destruyó por completo. El versículo 24 dice
que ni uno de sus enemigos escapó.

El Señor hará lo mismo por nosotros. Debemos buscarlo a Él,
obedecer sus mandatos y dejar que haga el resto por nosotros. *"No
será por la fuerza ni por ningún poder, sino por mi Espíritu dice el
SEÑOR Todopoderoso"* (Zacarías 4:6). Para que haya cumplimiento profético en nuestra vida, no tenemos otra opción más que
creer que Dios hará lo que dijo que iba a hacer.

Botín de guerra

La historia no termina con la victoria del pueblo de Judá sobre
sus enemigos. Hay algo más que debemos captar. La victoria del
pueblo de Judá no quedó completa hasta que recogieron el botín
de guerra. 2 Crónicas 20:25 dice: *"Entonces Josafat y su gente
fueron para apoderarse del botín, y entre los cadáveres encontraron*

muchas riquezas, vestidos y joyas preciosas. Cada uno se apoderó de todo lo que quiso, hasta más no poder. Era tanto el botín, que tardaron tres días en recogerlo".

¿Imagina usted tantos cadáveres cubiertos de tantas riquezas que el pueblo de Judá estuvo tres días para recogerlas todas, y eran más de las que podían cargar? Dios se ocupó de que el enemigo no solo fuera completamente destruido, sino también que el botín de la guerra fuera mucho más de lo que ellos habían esperado. Dios hizo lo mismo por los hijos de Israel cuando fueron liberados de la cautividad en Egipto. La Biblia dice que los egipcios los llenaron de objetos de plata y oro, y ropas después que el Señor les dio libertad de la esclavitud (vea Éxodo 12:35). Por medio del proceso de obedecer a Dios en la guerra espiritual, Él les dio mucho más de lo que incluía la promesa original. No solo aseguró los límites que les había dado, sino también les hizo ganar riquezas.

Cuando el Señor nos da la victoria, debemos preguntarle qué botín de guerra quiere Él que recojamos. ¿Qué nos ha negado el enemigo y ahora debe entregarnos como resultado de nuestra victoria? En algunos casos, pueden ser riquezas materiales. En otros casos, la salvación de un ser amado. Podría ser una relación rota que se restaura. Podría ser una sanidad física o la liberación de algo que nos ha atormentado. No importa cuál sea el botín de guerra que Dios tenga para nosotros, debemos comprender que la naturaleza misma de la guerra significa que el vencido debe entregar algo al vencedor. Asegúrese de haber recogido todo el botín de guerra que el Señor tiene para usted cuando logre la victoria.

Además de la riqueza que recogió el pueblo de Judá, su ejército quedó fortalecido para futuras batallas, porque pudieron tomar espadas, escudos y otras armas de sus enemigos caídos. Esto representa una nueva fortaleza y una nueva unción que viene con la victoria. A medida que vamos ganando batallas en la guerra por el cumplimiento profético, Dios nos da una nueva unción de autoridad que trae un poder aún mayor para vencer al enemigo que las batallas que seguirán.

Tiempo de guerra y tiempo de paz

Eclesiastés 3:1, 8 dice: *"Todo tiene su momento oportuno; hay un tiempo para todo lo que se hace bajo el cielo (...) un tiempo para la guerra..."*. Cuando es tiempo de guerra, debemos tener un paradigma de ofensiva. La Iglesia está siendo preparada para entrar en su período más dinámico de batalla, adoración y cosecha. Cuando es tiempo de guerra... ¡haga la guerra! La mayor caída de David en su reinado se produjo cuando tendría que haber ido a la guerra... y prefirió quedarse en su palacio. La pasividad en tiempo de guerra es desastrosa.

> **A medida que vamos ganando batallas en la guerra por el cumplimiento profético, Dios nos da una nueva unción de autoridad que trae un poder aún mayor para vencer al enemigo que las batallas que seguirán.**

También hay tiempos de descanso. No todo período en nuestra vida debe ser marcado por la lucha. Hay un tiempo para todo, y esto incluye el reposo. De hecho, si no hubiera períodos de descanso, nunca podríamos aquietar nuestro corazón lo suficiente como para escuchar la voz de Dios o recibir revelación de hacia dónde debemos avanzar ahora. Tenemos que ser sabios en cuanto a cómo el Señor desea producir el cumplimiento profético en nuestra vida.

Sí, habrá tiempos de guerra en que deberemos ponernos de pie y luchar. El enemigo tratará de prolongar para quitarnos fuerzas. Pero la gracia de Dios cubre nuestra natural falta de fuerzas durante esos períodos. Entonces, cuando Él está listo para hacernos avanzar, ya no nos cubre esa misma medida de gracia. Nunca debemos dejarnos atrapar tanto por la guerra que quitemos nuestra mirada del Señor y nos perdamos el descanso que Él tiene para nosotros, para que podamos continuar hacia delante.

- 12 Parte del material de esta sección ha sido adaptado del libro de Chuck D. Pierce y Rebecca Wagner Sytsema, *Cómo se recibe la Palabra profética del Señor* (*Caribe Betania*).
- 13 Graham Cooke, *Desarrolle sus dones proféticos* (Ed. Vida).
- 14 Ibíd., pág. 120.
- 15 bíd., pág. 123.
- 16 Cindy Jacobs, *The Voice of God* (Ventura, CA: Regal Books, 1995), pág. 85.
- 17 Jim W. Goll, *Arrodillados sobre sus promesas* (Buenos Aires, Peniel).
- 18 Ibíd.
- 19 Chuck D. Pierce y Rebecca Wagner Sytsema, *Possessing Your Inheritance* (Ventura, CA: Regal Books, 1999), págs. 134-135.
- 20 Ibíd., pág. 23.
- 21 Goll, *Arrodillados sobre sus promesas.*
- 22 Cindy Jacobs, *Conquistemos las puertas del enemigo* (Caribe Betania).

Capítulo 4

Esperanzas postergadas

Así es también la palabra que sale de mi boca: No volverá
a mí vacía, sino que hará lo que yo deseo
y cumplirá con mis propósitos.
Isaías 55: 11

¿Alguna vez le sucedió que recibió una promesa de Dios, y esperó y esperó que se cumpliera, pero nada ocurrió? ¿Tuvo alguna vez un deseo que sintió que Dios había puesto en su corazón, pero que nunca se materializó? ¿Alguna vez tuvo fe para ver que el plan de Dios para su vida se manifestaba, pero ahora esa fe parece seca y distante? ¿Tuvo grandes expectativas de que Dios se moviera a su favor, pero aún está esperando?

Ahora llegamos a lo que es, quizás, el aspecto más difícil del cumplimiento profético: las esperanzas postergadas. Cuando nuestras esperanzas se postergan, podemos vivirlo de una de dos formas. Puede ser una promesa que parece que nunca se va a cumplir o puede ser una promesa que se cumple, pero su fruto está muerto. ¿Alguna vez vivió la muerte de una promesa? Es algo que realmente puede hacer enfermar nuestro corazón. (Vea Proverbios 13:12).

Otro día de cumplimiento profético

En el capítulo 1, conté la historia de cómo nació mi hija Rebekah, y qué gran día de cumplimiento profético fue ese. Pero usted recordará que mi esposa, Pam, sabía que la esterilidad desaparecería de su vida, porque en 1980, el Señor le había prometido que iba a dar a luz mellizos. Cuando la esterilidad se quebró, ella dio a luz a nuestra hermosa hija Rebekah, y luego a nuestro hijo John Mark. En 1987, Pam quedó encinta nuevamente. Pero esta vez notamos que su vientre se agrandaba mucho más rápidamente que las dos primeras veces. ¡Y nos enteramos de que realmente estaba esperando mellizos! Lo que Dios había prometido se estaba cumpliendo.

Pam completó el embarazo, y el 6 de febrero de 1988, dio a luz a dos hermosos gemelos, Jesse David y Jacob Levi. ¡La promesa de Dios se había cumplido! Pero algo andaba mal en sus pequeños cuerpitos. Un bebé tenía un grave problema cardíaco, y el otro, un grave problema renal. Una semana después de nacer, los dos habían muerto. El dolor y el duelo fueron terribles. La promesa de esos gemelos había sido la razón por la que pudimos creer que se rompería la esterilidad en nuestra vida, y ahora, justo después de cumplirse, la promesa había muerto.

La coautora de este libro, Rebecca Sytsema, vivió algo similar. Poco después de casarse con Jack, ambos preguntaron al Señor cuándo sería el mejor momento para tener hijos. Recibieron una clara palabra de un respetado profeta que indicaba que el tiempo había llegado. Confirmaron la palabra, y poco después concibieron su primer hijo. Pero a unas pocas semanas de la fecha de parto, la bebé, Anna Jean, murió en el vientre de Rebecca sin advertencia ni explicación ninguna. Su promesa nació muerta.

¿Cómo puede suceder esto? ¿Cómo puede el Señor dar una promesa tan clara y luego dejarla morir?

Someterse a la mano de Dios

Cuando murió nuestro segundo gemelo, hicimos un culto al aire libre en su memoria. Durante el culto, Pam se levantó y cantó un hermoso solo. Fue un momento increíble. Una semana después de la muerte del segundo bebé, una amiga nos llamó y nos contó que le costaba mucho aceptar que Dios hubiera permitido que los pequeños murieran. También le costaba aceptar la forma en que Pam estaba enfrentando este trauma: con una fe aparentemente inquebrantable.

Pam le dijo a nuestra amiga: "Si hay algo que he aprendido en mi vida, es que cuanto antes me someto a la mano de Dios, mejor puedo resistir al diablo. He decidido someterme a la mano de Dios en esta experiencia. Y al someterme a su mano, Él me ha dado la capacidad de vencer al enemigo de manera que la doble porción que me fue robada, me será devuelta".

El Señor fue quien habló a través de mi bella esposa. Esas palabras tocaron lo más profundo de mi espíritu, y las he llevado conmigo desde ese momento. Aunque no comprendamos lo que ha sucedido en nuestra vida, en medio de nuestra pérdida y del consiguiente dolor, necesitamos aprender a someternos pronto al plan superior que Dios tiene para nosotros. Si sometemos siempre nuestra vida a Él, esas cosas terriblemente dolorosas que sufrimos se convertirán en una especie de bendición en sus manos y producirán un cumplimiento profético aun mayor en nuestra vida.

Otra promesa cumplida

En mi caso, el Señor convirtió la circunstancia de la muerte de los gemelos en una tremenda restauración para toda la familia. Mi familia dividida, con la cual la relación aún era distante debido a la crisis que habíamos vivido con mi padre, se unió alrededor de nosotros en esta nueva crisis. Cuando yo tenía 18 años, el Señor me había hablado y me había dado una promesa: "Yo restauraré todo lo que has perdido". Esas palabras habían sido el impulso de mi vida desde que las recibí.

Ahora, en esta terrible crisis de pérdida que Pam y yo sufríamos, pude ver cómo Él restauraba la unidad familiar que había estado tan fragmentada. Mi hermana y yo, que tuvimos problemas en nuestra relación, ahora nos uníamos. Mi madre, en lugar de amargarse y endurecerse como había hecho antes, ahora nos consolaba y nos acompañaba en el proceso. Un tío con quien no había vuelto a relacionarme desde que tenía 16 años, llamó para acompañarnos en esta situación. A los 35 años, vi cómo Dios cumplía la promesa que yo había creído desde que tenía 18. La muerte de una promesa fue el medio para dar vida y cumplimiento a otra.

Así actúa Dios. Lo que sucedió en mi familia como resultado de la muerte de los gemelos fue un verdadero milagro.

Las pérdidas tienen sus beneficios

Debemos permitir que Dios obre en nuestras circunstancias para bien y responder a su amor, por difíciles que ellas sean. Pam y yo pudimos reconocer que, aun en esta crisis que vivíamos por la muerte de nuestros dos hijos, Dios estaba cumpliendo una promesa mayor de restauración para nosotros. La pérdida puede llevarnos a reconocer más a Dios, si nos sometemos a su mano. Hay otros beneficios, además:

La pérdida nos sacude. Durante tiempos de pérdida, Dios nos sacude y así quita legalismos, temores, condenación, falsas expectativas y formas de pensar sobre Él que son erróneas. Si soportamos estas sacudidas, salimos mucho más fortalecidos, lo cual nos hace madurar. En medio de la pérdida, tenemos una oportunidad única de elevarnos a niveles superiores y comprender más profundamente la apabullante gracia de Dios. Su gracia siempre es suficiente.

La pérdida produce gozo. Hay muchos pasajes bíblicos que relacionan las pérdidas con el gozo. Deténgase a leer el Salmo 30. De hecho, Pam y yo pusimos uno de estos pasajes en la lápida de la tumba de nuestros gemelos: *"Lo mismo les pasa a ustedes: Ahora están tristes, pero cuando vuelva a verlos se alegrarán, y nadie les va a quitar esa alegría"* (Juan 16:22). Hay un cierto tipo de gozo que nunca llegaríamos a conocer si no experimentáramos pérdidas. Cuanto más profundo es el dolor, parece que mayor es nuestra capacidad para el gozo.

La pérdida produce cambios. Después de experimentar una pérdida, nada es lo mismo. Gerald Sitser, que perdió a su madre, su esposa y su joven hija en un trágico accidente automovilístico, escribe:

> La experiencia de una pérdida no tiene por qué dejarnos solamente el recuerdo de un acontecimiento doloroso que, como un monumento imponente, domina el paisaje de nuestra vida. La pérdida también puede dejarnos el recuerdo de una maravillosa historia. Puede ser un impulso para tomar una nueva dirección, como una calle cerrada que nos obliga a dar la vuelta y buscar otro camino para llegar a destino. ¿Quién sabe lo que veremos y aprenderemos en el camino?[23]

La pérdida produce resurrección. En *Possessing Your Inheritance*, Rebecca y yo escribimos:

> Podemos estar seguros de que, cuando experimentamos una pérdida, especialmente de algo que era parte de nuestra herencia, Dios invariablemente tiene un plan para restaurárnosla. Cuando llega la muerte, por ejemplo, Dios siempre desea iniciar un proceso de resurrección. David W. Wiersby, en su libro *Gone But Not Lost* (*Ido, pero no perdido*), escrito para quines sufren por la muerte de un hijo, dice: "La respuesta de Dios ante la muerte siempre es vida. Eso no significa que nos dará otro hijo cuando uno muere. Significa que de la ruina y el dolor de nuestra 'otra' vida, Dios nos da una nueva vida".

> **Hay un cierto tipo de gozo que nunca llegaríamos a conocer si no experimentáramos pérdidas.**

Lo mismo se aplica a cualquier clase de pérdida. La respuesta de Dios ante la pérdida siempre es alguna clase de restauración.[24]

La expectativa se ha perdido, pero la autocompasión continúa

Cuando estamos en una situación difícil, es fácil que perdamos de vista las promesas de Dios. Así es como solemos perdernos de ver a Dios cumplir nuestro destino profético. Aunque el cuerpo de Cristo pasa por duros momentos de prueba, no debemos temer ni desalentarnos. El enemigo aprovecha nuestros períodos de prueba utilizando una estrategia para desalentarnos. *El desaliento alimenta la postergación de la esperanza,* y esto enferma el corazón. Cuando tenemos una cierta desesperanza en nuestro interior, perdemos las expectativas que depositamos en Dios.

"Futuro" y "expectativa" son sinónimos. Nuestro futuro está unido a la expectativa de que Dios actúe. Es tiempo de que la Iglesia renueve su nivel de expectativa y aun lo supere. Isaías 59 y 60 son maravillosas guías de oración para seguir, si deseamos ver cómo esto se cumple en nuestra vida. La esperanza debe trascender y convertirse en fe. La fe produce victoria. La victoria nos lleva a una demostración del poder de Dios y a la cumplimiento de sus promesas.

El ciclo de la autocompasión

La profecía abre la puerta a nuestro futuro. Pero una vez que somos heridos o sufrimos una pérdida, quizá perdamos de vista nuestro futuro. La fuerza demoníaca más grande que debemos combatir es la autocompasión. Ella llama la atención sobre nuestra pérdida y nos impide ver cómo la gloria de Dios se manifiesta en nuestra vida. En lugar de que ella nos guíe hacia al plan perfecto de Dios para nosotros, nuestro yo se levanta y nos hace decir: "Compadézcanse de mí, por lo que he sufrido". Cuando sufrimos una pérdida, una crisis, una herida o una injusticia, podemos elegir vivir creyendo que Dios puede sanar y perdonar, o podemos hundirnos en el rechazo, la autocompasión y la autodefensa.

En los momentos de pérdida y dolor, tendemos a acusar a Dios por la crisis que sufrimos. El poder de esta acusación nos lleva a creer que no tenemos padre. En lugar de sentir el espíritu de adopción, nos sentimos abandonados y perdidos. A partir de nuestra autodefensa, desarrollamos una rebelión ante la autoridad. También nos volvemos reacios a aceptar enseñanzas. Formamos una mentalidad que se escuda diciendo: "Nadie me comprende ni comprende lo que estoy viviendo". También comenzamos a pensar que no hay solución para nuestro problema. Nos despertamos pensando: "No hay salida". Caemos en la apatía, porque no tenemos esperanza de sanidad ni restauración. Dado que sabemos que debemos vivir una vida de piedad, los mecanismos religiosos nos ofrecen solaz. Hasta es posible que desarrollemos un complejo de mártir y digamos: "¡Oh, pobre de mí! Esta es la cruz que debo cargar. ¡Miren cuán pesada es!". Esta clase de pensamiento nos impide luchar cuando debemos hacerlo. En lugar de pelear y avanzar, nos convertimos en esclavos de la comodidad y el statu quo. Olvidamos que somos llamados a compartir los sufrimientos de Cristo; y que ello permite que el poder de su resurrección se manifieste en nosotros. Cuando perdemos de vista el amor de Dios, nos volvemos hacia nosotros mismos. El amor de Dios nos obliga a enfrentar esos pensamientos que nacen de nuestra autocompasión. He experimentado suficiente libertad en mi vida como para saber cuándo no soy libre. La fe obra por el amor. Cuando experimentamos el amor y la libertad de Dios, podemos resistir al llamado del yo para ser compadecido y así sobreponernos a la postergación de nuestras esperanzas.

José: un ejemplo de cómo resistir y sobreponernos a la postergación de nuestras esperanzas

Me encanta enseñar sobre José. Su historia es una de mis favoritas en La Biblia. Por medio de él, aprendemos cómo la fe nos da la capacidad de ver que lo que hemos perdido vuelve a nosotros restaurado y aumentado. Cuando leemos por primera vez sobre él, en Génesis 37, vemos que José es un joven con increíble favor y muchas promesas proféticas. Y no duda en hablar de estas promesas y revelaciones... tal vez con demasiada ligereza. A lo largo de su vida, las vestimentas que José usa son símbolos del favor que Dios le otorga. La famosa "túnica especial" de colores de la que habla Génesis 37:3 representa tanto el favor como una doble porción de la unción de parte de su padre. Pero la vestimenta de José no está segura. Aunque Dios tiene un increíble plan para su vida, tendrá que enfrentar muchas pruebas y pérdidas antes de llegar a su destino profético.

La traición de sus hermanos

En su envidia por el favor del que gozaba José, sus hermanos se airaron y literalmente le arrancaron su túnica. Lo vendieron como esclavo y luego dijeron a su padre que él había muerto (vea Génesis 37:23). José fue traicionado por sus hermanos, y le fue quitado el favor. Las traiciones que sufrimos en nuestra vida están relacionadas con la ruptura de un pacto. Esta es una forma muy dolorosa de esperanza que se posterga. Cuando somos traicionados, la mayoría de las veces se quiebra algún pacto, lo cual puede hacernos caer en la desconfianza y la desesperanza.

Cuando se rompe un pacto, generalmente su fruto se convierte en blanco del enemigo. El divorcio es, quizás, la forma más conocida de ruptura de un pacto, y suele decirse que las verdaderas víctimas son los hijos nacidos de ese matrimonio. El enemigo trata de utilizar esta clase de acontecimientos en nuestra vida para no solo quitarnos nuestro favor, sino para que el plan de Dios para las generaciones siguientes se desvíe a causa de las relaciones disfuncionales y la falta de confianza en Él. Pero Dios puede ir más allá de esos acontecimientos y reposicionarnos para el cumplimiento profético. Lo repito: es cuestión de someterse a la mano de Dios.

Tenemos que preguntarnos: ¿alguna traición anterior nos impide tener el favor hoy? Cuando estas traiciones nos detienen, podemos perder el favor por causa de nuestra propia amargura. José se sometió al Señor en medio de la traición, y por ello, Dios le dio un nuevo favor, el de su amo (vea Génesis 39:4). De hecho, tan grande era su favor, que el amo lo convirtió en supervisor y puso todo lo que tenía bajo el control de José. Dios tiene formas de darnos su favor y ubicarnos en posiciones estratégicas, aun en medio de la esclavitud.

Falsas acusaciones

Cuando José estaba gozando de su nueva posición de favor, volvió a sufrir una pérdida a causa de una acusación falsa. La esposa de su amo se enfureció cuando él se negó a tener una aventura amorosa con ella. Durante ese encuentro, cuando José trató de huir de la situación, la esposa de su amo le arrebató el manto. Luego lo usó como falsa evidencia para acusar a José de intentar violarla (vea Génesis 39:11-18). Una vez más, José quedó desnudo, desfavorecido y avergonzado. Las falsas acusaciones pueden traer vergüenza a nuestra vida y hacer que perdamos el favor. Por eso, al diablo le encanta levantar falsas acusaciones contra nosotros. Pero debemos recordar que la verdadera humildad no acepta falsas acusaciones. Si no somos culpables de aquello de que se nos acusa, algunas veces Dios requerirá que aclaremos las cosas y no que lo soportemos pensando que somos muy humildes y espirituales. Esto no es más que una falsa sensación de humildad, una falsificación de lo que Dios desea. Es posible que debamos soportar una dura prisión a causa de esto por un tiempo, pero si hemos sido falsamente acusados, tarde o temprano, Dios hará ver la verdad y nos hará volver al lugar que nos corresponde.

Lecciones de la prisión

Después de ser acusado sin razón, José fue enviado a la cárcel, donde pareció olvidado y abandonado. Había sido rechazado una y otra vez, y ahora lo dejaban allí para morir en desgracia. El cumplimiento profético parecía muy poco probable en ese momento.

El futuro, si es que lo había, parecía muy oscuro. Pero, aun en medio de estas adversidades, José no permitió que las circunstancias le impidieran acceder nuevamente al favor. Génesis 39:21 dice que el Señor, con gran misericordia, le dio el favor del guardia de la cárcel.

No debemos permitir que el temor nos quite el favor. No debemos permitir que el dolor nos lo quite. No debemos permitir que la traición, las falsas acusaciones, el encarcelamiento, las circunstancias injustas o el rechazo nos quiten el favor. Aunque quedó desnudo, José continuó sometiéndose a la mano de Dios, para que Él pudiera revestirlo una vez más.

José también continuó usando sus dones. Con frecuencia, cuando caemos en la autocompasión, en algún momento del proceso dejamos de hacer funcionar nuestros dones. Pero cuando estuvo en la cárcel, José permitió que el Señor continuara trabajando a través de él interpretando sueños. En medio de adversidades y esperanzas postergadas, José no dejó de avanzar en el plan que Dios tenía para su vida. Como consecuencia de ello, el Señor encontró el momento perfecto para sacarlo de la cárcel y revestirlo, una vez más, de favor: *"El faraón mandó llamar a José, y en seguida lo sacaron de la cárcel. Luego de afeitarse y cambiarse de ropa, José se presentó ante el faraón"* (Génesis 41:14).

Pero Dios...

Así como Dios movió el corazón de Faraón a favor de José, puede mover a cualquier persona a favor de usted. Quizá usted esté esperando una pareja, un ascenso en su trabajo o promesas para sus hijos. Para que estas cosas ocurran, Dios tendrá que mover a alguien en su favor. Debemos confiar en que Él se moverá para cumplir sus promesas sobre nuestra vida.

Una de las frases que más estimula nuestra fe en La Biblia es "pero Dios…". En estas palabras, encontramos esperanza para lo que tenemos por delante:

Podrán desfallecer mi cuerpo y mi espíritu, pero Dios for-talece mi corazón; él es mi herencia eterna (Salmo 73:26, énfasis agregado).

Los pueblos harán estrépito como de ruido de muchas aguas; pero Dios los reprenderá, y huirán lejos; serán ahuyentados como el tamo de los montes delante del viento, y como el polvo delante del torbellino (Isaías 17:13, RVR, énfasis agregado).

En efecto, estuvo enfermo y al borde de la muerte; pero Dios se compadeció de él, y no sólo de él sino también de mí, para no añadir tristeza a mi tristeza (Filipenses 2:27, énfasis agregado).

Pero Dios demuestra su amor por nosotros en esto: en que cuando todavía éramos pecadores, Cristo murió por nosotros (Romanos 5:8, énfasis agregado).

José sabía que Dios estaba obrando en su vida. En Génesis 45:8, dice: *"Fue Dios quien me envió aquí, y no ustedes. Él me ha puesto como asesor del faraón y administrador de su casa, y como gober-nador de todo Egipto".* Nuevamente, en Génesis 50:20, dice: *"Es verdad que ustedes pensaron hacerme mal, pero Dios transformó ese mal en bien para lograr lo que hoy estamos viendo: salvar la vida de mucha gente".*

José sabía que Dios era quien había permitido que él fuera trai-cionado, sufriera falsas acusaciones, fuera abandonado, rechazado, encarcelado y olvidado. Dios era quien le había quitado el favor de diferentes personas en diversas ocasiones. "Pero Dios" era también quien, en cada uno de esos casos, le había mostrado su misericordia y revestido de favor. "Pero Dios" había producido el cumplimiento profético que era su porción. Porque, a través de este prisione-ro rechazado, abandonado y falsamente acusado, el Señor salvó a toda la región de una hambruna devastadora. A través de José, las promesas que Dios hizo a Abraham sobre su linaje se salvaron y se restauraron. (Hablaremos más de esto en el próximo capítulo).

Una vez que comprendemos esto, sean cuales fueran sus circunstancias, y lo que usted haya pasado, que haya postergado sus esperanzas y enfermado su corazón, Dios aún puede cumplir las promesas que tiene para usted. Cuando se aferre a Él en lo más profundo de su ser, la autocompasión y la derrota no lo aplastarán, sino que podrá decir: "¡Pero Dios está obrando en mi vida! No permitirá que me quiten el favor, seguiré practicando los dones que Él me ha dado y avanzaré hacia mi destino, ¡porque Dios me abrirá el camino!". Para quienes dan lugar a esta clase de fe en Dios, sin duda, ¡lo mejor está por venir!

Quítese las viejas vestiduras

Así como las ropas que José usaba eran señal del favor de Dios sobre él, las vestiduras espirituales que usamos representan dónde estamos. Nuestras vestiduras pueden estar hechas del dolor de las pérdidas y las esperanzas postergadas. Quizá estemos revestidos de un espíritu angustiado, como dice Isaías 61. "Pero Dios" envió a su Hijo *"a confortar a los dolientes de Sión. Me ha enviado a darles una corona en vez de cenizas, aceite de alegría en vez de luto, traje de fiesta en vez de espíritu de desaliento. Serán llamados robles de justicia, plantío del SEÑOR para mostrar su gloria"* (Isaías 61:3).

No importa lo que el enemigo haya hecho para distorsionar su identidad en Dios. Usted puede sacudirse los restos de esas viejas vestiduras y ser revestido de otras nuevas. Después de la muerte de los gemelos, los médicos nos advirtieron que no tuviéramos más hijos, ya que podrían tener los mismos problemas. "Pero Dios" no estuvo de acuerdo. Desde entonces, tuvimos dos hijos más, dos hermosos y sanos varones. No puedo decir que las cosas fueron fáciles, especialmente en el primer año después de esas pérdidas. "Pero Dios" nos ha demostrado que es fiel. Él ha restaurado. Ha sanado. Nos ha impulsado hacia delante, a nuevos niveles de cumplimiento profético, y continúa impulsándonos en un increíble viaje de fe y gozo.

La pérdida es, simplemente, una dolorosa realidad de la vida. Pero, cuando nos sometemos a la mano de Dios, puede convertirse en una herramienta que nos impulse de un tiempo de pérdida a un tiempo de cumplimiento, de gozoso cumplimiento profético. Declare cada una de las siguientes promesas sobre su vida y renueve sus expectativas en el Dios a quien no detiene ningún "pero".

- Espero que el Señor levante bandera contra mis enemigos (Isaías 59:19).
- Espero que mi espíritu se levante con gloria, y la opresión y la depresión se aparten de mí (Isaías 60:1).
- Espero que la presencia del Señor descanse sobre mí (Isaías 60:2).
- Espero que surja en mí una nueva visión (Isaías 60:4).
- Espero que un nuevo gozo me inunde (Isaías 60:5).
- Espero que venga *"caravanas de camellos"* a mi hogar con nuevas provisiones (Isaías 60:6-7).
- Espero que la alabanza cubra mi región y rompa el poder de la desolación (Isaías 60:6).
- Espero que Dios libere las fuerzas y los recursos necesarios para el proyecto de construcción (Isaías 60:9-10).
- Espero recibir nuevo favor, y que nuevas puertas y conexiones se abran para mí (Isaías 60:10).
- Espero que el espíritu de pobreza que ha mantenido mis puertas cerradas hasta ahora se aparte, y que las puertas por donde entre la abundancia se abran y permanezcan abiertas (Isaías 60:11).

- 23 Gerald L. Sitser, *A Grace Disguised* (Grand Rapids, MI: Zondervan Publishing, 1996), pág. 130.
- 24 Chuck D. Pierce y Rebecca Wagner Sytsema, *Possessing Your Inheritance* (Ventura, CA: Regal Books, 1999), págs. 74-75.
- 25 Bob Beckett, *Compromiso para la conquista* (Buenos Aires: Peniel).

Capítulo 5

Tu tierra se gozará: Cumplimiento profético en generaciones y territorios

*Cuando ya se acercaba el tiempo de que se cumpliera
la promesa que Dios le había hecho a Abraham, el
pueblo crecía y se multiplicaba en Egipto.*
HECHOS 7:17

Joel 2:21-25, 28-29 dice: *"No temas, tierra, sino alégrate y regocíjate, porque el SEÑOR hará grandes cosas (...), porque los pastizales de la estepa reverdecerán; (...) los árboles producirán su fruto, y la higuera y la vid darán su riqueza. Alégrense, hijos de Sión, regocíjense en el SEÑOR su Dios, que a su tiempo les dará las lluvias de otoño. Les enviará la lluvia, la de otoño y la de primavera, como en tiempos pasados. Las eras se llenarán de grano; los lagares rebosarán de vino nuevo y de aceite. «Yo les compensaré a ustedes por los años en que todo lo devoró ese gran ejército de langostas que envié contra ustedes: las grandes, las pequeñas, las larvas y las orugas (...). »Después de esto, derramaré mi Espíritu sobre todo el género humano. Los hijos y las hijas de ustedes profetizarán, tendrán sueños los ancianos y visiones los jóvenes. En esos días derramaré mi Espíritu aun sobre los siervos y las siervas"*. Esta profecía de Joel revela que Dios quiere restaurar y bendecir a su pueblo.

El plan de Dios postergado

En el último capítulo, hablamos sobre cómo nuestra esperanza puede ser postergada. ¿Alguna vez se detuvo usted a pensar que el plan de Dios también puede ser postergado? Quizá Él tiene planes y un destino para nosotros que, debido a nuestras decisiones, desobediencia, pecado, falta de dirección u otras circunstancias, nunca llegamos a cumplir. Cuando Dios determina el destino de nuestra vida, no es solo para beneficio nuestro. Muchos otros, quizá territorios enteros, deben beneficiarse por la obra del Espíritu Santo a través de nosotros. Por tanto, cuando no le permitimos que lleve a cabo la obra que desea hacer a través de nosotros, Él tiene que buscar a otro que sí lo haga. El plan de Dios para nosotros como individuos, así como la obra que está tratando de hacer en nuestra familia, nuestro círculo de influencia y nuestro territorio, se posterga. Pero esto no impide que Dios se mueva.

Joel estaba profetizando un tiempo de gran devastación para toda la tierra de Judá. Profetizó que habría una "era de la iglesia" cuando todas las personas clamarían al Señor, serían salvas de sus pecados y comprenderían los propósitos del reino de Dios en el ámbito de la Tierra. El pueblo de Judá había abandonado los propósitos de Dios. Pero el profeta Joel comenzó a ver un tiempo futuro en que el Espíritu Santo iba a ser derramado. Toda persona —jóvenes y viejos, hombres y mujeres, esclavos y libres— tendrían oportunidad de recibirlo. Encontramos el relato del cumplimiento de esta profecía en Hechos 2.

Cuatro dimensiones

¿Cuál es el verdadero asunto aquí? Primero, aun cuando nos apartamos del propósito de Dios, Él ya tiene un plan para la redención. Yo lo llamo "profecía restauradora". Dios obra en cuatro dimensiones. Lo vemos en la profecía de Joel:

1. Trabaja para restaurar nuestras vidas personalmente: *"Yo les compensaré…"* (Joel. 2:25).
2. Trabaja colectivamente: *"Alégrense, hijos de Sión…"* (Joel 2:23).
3. Trabaja territorialmente: *"No temas, tierra…"* (Joel 2:21).

4. Trabaja generacionalmente: *"Los hijos y las hijas de ustedes profetizarán..."* (Joel 2:28).

El cumplimiento profético es complejo. Cuando Dios nos habla y tiene un destino para nosotros individualmente, ese destino también influye sobre la visión colectiva de la cual somos parte, el territorio o la tierra en que vivimos o adonde que fuimos asignados, y las generaciones futuras. Cuando no cumplimos el plan de Dios para nuestra vida, la falta de cumplimiento afecta al resto del Cuerpo de Cristo en el que nuestro don debía servir, la ciudad y la nación de la que somos parte o a la que fuimos asignados, y las futuras generaciones.

Esperar a la siguiente generación

En el capítulo 1, hablé del gran potencial que mi padre tenía en vida. Pero las decisiones que tomó hicieron que no cumpliera su destino. El único legado que pudo dejar no fue lo que logró por su obediencia a Dios, sino la esperanza de que sus hijos pudieran llegar a cumplir sus propósitos. Para ilustrar esto, supongamos, por ejemplo, que se cría un perro para ser lazarillo.

Quizá este perro provenga de una familia de lazarillos y tenga el temperamento adecuado; quizá hasta demuestre gran potencial desde pequeño. Pero si se niega a someterse al riguroso proceso de entrenamiento, todo su *pedigrí* y su potencial no cambiarán el hecho de que nunca se convertirá en lazarillo.

Quizá llegue a ser un buen perro de compañía y tenga una vida cómoda, pero nunca cumplirá lo que podría haber hecho si hubiera permitido que lo entrenaran.Su utilidad como perro lazarillo se limita a la esperanza de que sus cachorros puedan lograr lo que él no pudo.

El plan de Dios para las generaciones

Así como tiene un plan para nosotros como individuos, Dios tiene también un plan para los linajes que se transmiten de generación en generación. En nuestra sociedad individualista, quizá esto sea difícil de comprender, pero así como heredamos un ADN físico de nuestros antepasados, también heredamos un ADN espiritual. Las páginas de genealogías están en La Biblia por un motivo específico. El linaje del que provenía una persona era tan importante como quién era esa persona. ¿Por qué? Porque las promesas y la unción de Dios suelen transmitirse dentro de la familia.

> **Así como tiene un plan para nosotros como individuos, Dios tiene también un plan para los linajes que se transmiten de generación en generación.**

Pactos de Dios con familias

Una y otra vez leemos que Dios es el Dios de Abraham, Isaac y Jacob. Fue por ese linaje que se constituyó la nación judía, el pueblo escogido de Dios. Fue como resultado de un pacto. Dios hizo muchos pactos con familias, como vemos a continuación:

- **El pacto con Noé**. Después del diluvio, Dios hizo un pacto con Noé y su familia: *"Dios les habló otra vez a Noé y a sus hijos, y les dijo: «Yo establezco mi pacto con ustedes, con sus descendientes…"* (Génesis 9:8-9). Por medio de la familia de Noé, Dios estableció un nuevo comienzo para la raza humana.

- **El pacto con Abraham**. Como ya hemos mencionado, el pacto de Dios con Abraham tenía promesas específicas para su familia. De hecho, Abraham, Isaac y Jacob, como los tres padres de la nación de Israel, fueron parte del mismo pacto. Dios prometió que por medio de la familia de Abraham, todas las familias de la Tierra serían bendecidas (Vea Génesis 12:3).

- **El pacto con David**. El pacto que Dios hizo con David después de la muerte de Saúl estableció el reinado de David. Dios prometió a David que su simiente iba a gobernar sobre su reino para siempre (Vea 2 Samuel 7:12). Naturalmente, Jesús nació del linaje de David.

- **El Nuevo Pacto.** Por medio del Nuevo Pacto, todos los que aceptan la salvación de Cristo son adoptados en la familia de Dios, con Jesús como primogénito y una vasta familia de hermanos y hermanas. Es por medio de la familia de Dios que se cumple su obra en la Tierra. Él perfecciona su linaje. Encontramos en Romanos 9:11 que Él nos injerta en la bendición de Abraham, de manera de lograr en su pueblo todo lo que aún no se ha cumplido. Gracias a Dios por su espíritu de adopción (Vea Romanos 8).

Los linajes son verdaderamente importantes para Dios. La familia de la que somos parte, por sangre o por adopción, tiene tanto una herencia divina como una herencia diabólica que Satanás ha usado para pervertir los planes de Dios, como Rebecca y yo señalamos en mayor detalle en nuestro libro *Possessing Your Inheritance*. Por lo tanto, el cumplimiento profético no puede ser considerado solo individualmente, sino también desde una perspectiva familiar.

Preservar la vida

En el capítulo anterior, hablamos mucho sobre José y el cumplimiento profético en su propia vida. Pero ¿qué significó la obediencia para su familia y el cumplimiento de las profecías sobre ella? José volvió a tomar contacto con su familia en medio de una gran hambruna. José, que había sido advertido por Dios, fue colocado en un puesto de autoridad para asegurarse de que hubieran provisiones con las cuales sobrevivir a la hambruna. Como dijo a sus hermanos:

"Pero ahora, por favor no se aflijan más ni se reprochen el haberme

vendido, pues en realidad fue Dios quien me mandó delante de ustedes para salvar vidas (...) Por eso Dios me envió delante de ustedes: para salvarles la vida de manera extraordinaria y de ese modo asegurarles descendencia sobre la tierra" (Génesis 45:5, 7).Me encanta que José se diera cuenta de que su visión se había cumplido aun en medio de todas las pruebas que había sufrido. José fue fiel a la visión y al sueño que Dios le había dado. Su vida demuestra que la visión evita que las personas caigan en pecado. Proverbios 29:18 dice: *"Donde no hay visión, el pueblo se extravía".*

Sin el freno de la revelación profética, el pueblo se aparta del camino que Dios trazó para él, retrocede y, finalmente, se desintegra. Dios obró de esta manera para que José estuviera en una posición que le permitiera preservar la vida de su familia, con la cual Dios había hecho el pacto abrahámico. Preservar la vida, en realidad, es darle vida otra vez. Es tomar lo que una vez estuvo vivo y floreciente, y darle nueva vida. Siempre habrá un despertar en el pueblo de Dios para preservar aquello que Él está tratando de hacer en nuestra familia. Podemos tener la seguridad de que el cumplimiento profético llegará, porque una vez que hay una promesa sobre nuestro linaje, Dios la activará en determinado momento para preservarla y llevarla a su cumplimiento. Aunque usted sea el primero de su linaje en ser salvo, es importante recordar que, cuando Dios creó ese linaje, tenía un destino para él. Ahora, Él está despertando ese destino por medio de usted. Como en el caso de José, no importa lo que usted haya pasado. Dios está obrando para preservar la vida y cumplir sus propósitos en su familia.

Cumplimiento profético de generación en generación

Para ayudarnos a comprender mejor cómo funciona el cumplimiento profético de generación en generación, veamos el caso de Abraham y los seis pasos que fueron necesarios para transmitir las promesas del pacto a Isaac, de manera que este pudiera llegar a su propio cumplimiento profético.

Primer paso: Una fe perseverante. Abraham tenía una promesa de pacto para su familia que incluía el hecho de que le naciera un hijo de su esposa anciana, Sara. Mientras los años de fertilidad natural habían llegado su fin, Abraham tuvo que permanecer firme y creer la promesa de Dios. Aun así, mantuvo una fe perseverante, y la promesa por la cual el pacto se iba a transmitir, finalmente, se cumplió cuando llegó Isaac.

Como hemos dicho antes, Dios tiene un destino para cada linaje. Debemos concordar con lo que Dios está tratando de hacer, aunque no conozcamos los detalles de cómo se cumplirá. Esto requiere una fe perseverante que, con frecuencia, pasará por alto las circunstancias naturales y elegirá creer al Dios que todo lo puede. Cuando permitimos que la fe crezca en nosotros, vemos cómo las promesas de Dios para nosotros y nuestra familia comienzan a tomar forma, a medida que Él ordena las circunstancias. Otros ejemplos bíblicos de personas con una fe perseverante son Daniel, que sobrevivió a los leones (vea Daniel 6:22) y Caleb, que, a los ochenta años, avanzó hacia su promesa (vea Josué 14:10, 13). ¡Qué maravillosos ejemplos de fe!

Segundo paso: La promesa del pacto siempre sufrirá pruebas. En Génesis 22, Abraham sufrió una dura prueba. Dios lo llamó a tomar a su precioso hijo Isaac y colocarlo en el altar como sacrificio. Abraham debe de haber necesitado una enorme obediencia para tomar la decisión de matar a su hijo. Pero él entendía que esta orden venía de Dios. Sabía que, en algún punto, mientras él obedecía a Dios, el Señor tendría que arreglar el resultado de manera de cumplir su pacto. La parte que le tocaba a Abraham era obedecer; lo demás era problema de Dios. Naturalmente, sabemos que, al final, Abraham no tuvo que seguir adelante y matar a Isaac, pero, si lo hubiera hecho, Dios habría tenido que buscar otra forma de cumplir su pacto.

La prueba de nuestra promesa es un paso inevitable en el cumplimiento profético. De hecho, si no superamos este paso, nuestra promesa no se cumplirá, ni para nosotros ni para nuestra familia.

Como Abraham, debemos comprender que nuestro rol es obedecer a Dios, y que el resto… le corresponde a Él. Y punto.

Tercer paso: La prueba revela la provisión. Una vez que Abraham superó la prueba, la provisión de Dios llegó a él en forma de un carnero atrapado por sus cuernos en un arbusto. Abraham pudo tomar el carnero y ofrecerlo como sacrificio al Señor en lugar de su hijo Isaac. De hecho, Abraham llamó a ese lugar "Jehová proveerá" (Génesis 22:14) como testimonio de que Dios había suplido lo necesario. Cuando pasamos la prueba de nuestra promesa, Dios nos revela provisiones ocultas para que podamos continuar hacia delante. Cosas que no podíamos ver antes se nos mostrarán claramente, y tendremos nuevas estrategias para continuar avanzando en el plan de Dios para nuestra vida.

Cuarto paso: La promesa se extiende a las nuevas generaciones. Otro resultado de que Abraham superara la prueba fue que Dios le dio una nueva promesa para las generaciones futuras de su familia. Dios le dijo: *"Como has hecho esto, y no me has negado a tu único hijo, juro por mí mismo —afirma el SEÑOR— que te bendeciré en gran manera, y que multiplicaré tu descendencia como las estrellas del cielo y como la arena del mar. Además, tus descendientes conquistarán las ciudades de sus enemigos. Puesto que me has obedecido, todas las naciones del mundo serán bendecidas por medio de tu descendencia"* (Génesis 22:16-18).

Dios siempre está buscando formas de conectar sus promesas de una generación a otra. Debemos reconocer las generaciones y las promesas que Dios tiene para las próximas. Aun los hijos pródigos, que parecen estar muy lejos del plan de Dios para sus vidas, siempre tienen una oportunidad de retornar a ese plan.

Quinto paso: Conectarse para pasar el manto. Muchas veces, debemos participar de esa conexión sobrenatural para que la próxima generación reciba la bendición de la generación anterior y continúe avanzando en esa bendición. En Génesis 24, Abraham se dio cuenta de que la promesa que había recibido, que había sido extendida a Isaac, no se cumpliría si Isaac no tenía una esposa con la cual pudiera tener sus propios hijos. Por lo tanto, Abraham indicó a su siervo que encontrar a la esposa justa para Isaac. Gracias a las cuidadosas instrucciones de Abraham, el siervo encontró a Rebeca, que se convirtió en esposa de Isaac. ¿Qué debemos proveer para los de la próxima generación, para que puedan avanzar en la promesa del pacto que Dios tiene para ellos? Sin duda, criarlos en los caminos del Señor (Proverbios 22:6 dice: *"Instruye al niño en el camino correcto, y aun en su vejez no lo abandonará"*), el entendimiento de cuál es la generación siguiente en Cristo y mucha oración son los aspectos principales. Pero más allá de ser buenos padres, necesitamos obtener instrucción del Señor sobre el rol que nos toca llevar a cabo para que la próxima generación llegue al cumplimiento profético en su vida.

Sexto paso: Concepción para el futuro. El hecho de que Isaac consiguiera una esposa no era suficiente en sí mismo para asegurar que la promesa de Dios se cumpliera. Él y Rebeca debían concebir a la siguiente generación. Debe haber una concepción para que se produzca el cumplimiento profético. No podemos detenernos hasta haber concebido y dado a luz todo lo que Dios nos pide.

La promesa del pacto de Dios con Abraham también requería obediencia para su cumplimiento. Abraham tuvo que pasar todos estos pasos y acompañar a Dios en fe y obediencia aun a lo largo de años de desánimo. Gracias a su fidelidad, todas las familias de la Tierra han sido, realmente, bendecidas. ¿Qué desea lograr Dios a través de su linaje, y cuál es el rol que usted debe cumplir para que las promesas sobre su familia se cumplan?

La cuestión territorial

Hay otro asunto que debemos considerar al hablar del cumplimiento profético: el destino que Dios tiene para un territorio. Hace unos años, Bob Beckett dio una enseñanza extraordinaria sobre los territorios. En su libro *Compromiso para la conquista*, Bob escribe:

La raza humana no es el único objeto de los afectos de Dios. Somos, sí, los objetos principales de su amor aquí en la Tierra, pero no somos los únicos que lo reciben (...) Dios también ama la tierra que ha creado. Le importa el suelo físico, y lo que brota de él (...) desde la época de Adán, Dios ha estado ocupado distribuyendo a los pueblos de la Tierra en los continentes y las islas que Él creó para que habitaran en ellos. Realmente, Él ha creado a toda nación, provincia, territorio y ciudad para sus propósitos.[25]

De hecho, antes de hacer cualquier pacto con una familia, Dios hizo el pacto del Edén con Adán. En esta primera interacción que tuvo con el hombre, Dios ordenó a Adán que hiciera varias cosas con relación a la tierra: que la sojuzgara, que tomara dominio de ella, y que la labrara. Adán debía ocuparse del huerto. (Vea Génesis 2:15).

Plantados en el lugar justo

Los lugares son muy importantes en La Biblia. Bob Beckett continúa diciendo:

La Biblia menciona las misiones 12 veces; las orillas y las costas se mencionan 96 veces. La justificación por fe se cita 70 veces, mientras que las naciones y los países se nombran 180 veces. El nacimiento virginal se menciona dos veces, mientras que las regiones son mencionadas 15 veces. El arrepentimiento se nombra 110 veces, y la Tierra, 908 veces. El bautismo aparece 80 veces, mientras que el territorio aparece 188 veces. Se hace referencia al retorno de Cristo 318 veces, mientras que la tierra, en total, es mencionada 1717 veces[26].

¿Por qué son tan importantes los lugares? Porque, así como Dios tiene un destino para individuos y familias, los lugares donde ellos viven también tienen un destino. De hecho, ambos están tan estrechamente vinculados que, con frecuencia, no cumpliremos nuestro destino si no estamos en el territorio justo. Si en un territorio no está la gente que debe estar allí, el destino de ese territorio no se cumple.

Jeremías 32:41 dice: *"Me regocijaré en favorecerlos, y con todo mi corazón y con toda mi alma los plantaré firmemente en esta tierra"* (énfasis agregado). Dios nos ubica cuidadosamente en el lugar donde debemos estar. Una de mis exhortaciones favoritas del libro de Bob Beckett es esta:

> Aunque haya otro lugar donde usted desee estar, pregúntese:
> *"¿Quién te puso donde estás?"*
> *"¿Por qué estás aquí?"*
> Solo puede haber dos respuestas para estas preguntas: obediencia o rebelión. Usted está en un lugar porque Dios lo puso allí o porque usted se puso allí (...) Si está en ese lugar por rebelión, tengo una palabra para usted: ¡Salga de ese sitio lo más rápido posible! Busque el lugar donde Dios quiere que esté y vaya allí. Aunque sienta que lo están llevando de Jerusalén a Babilonia, recuerde que el Señor ve mucho más allá de lo que usted o yo podemos ver en nuestra vida. La obediencia a Dios, en última instancia, siempre produce paz.
> Si está seguro de que Dios lo ha puesto donde está, aunque se sienta como en Babilonia, tengo una palabra para usted: Quédese allí mientras Dios se lo pida.[27]

Este es un principio muy importante que debemos comprender. Nuestro destino no puede separarse del destino del territorio al que fuimos llamados. Hechos 17:26 dice que Dios predetermina los lugares donde debemos buscarlo. Cuando estamos en ese lugar, estamos ubicados de tal forma que podemos recibir la estrategia necesaria para asegurarnos nuestra porción.

Cumplimiento profético para territorios

Como ya hemos mencionado, no es solo para nuestro beneficio que debemos estar plantados en el lugar correcto. Cuanto más un territorio puede cumplir su destino, más luz del Espíritu de Dios puede encontrarse en ese lugar. Cuanto más brilla la gloriosa luz de Dios, más se disipan las tinieblas de Satanás. En tal ambiente, vemos que se cumple un mayor porcentaje de la voluntad de Dios, lo cual incluye almas salvadas, personas que ejercen a pleno sus dones y una mejora de la calidad de vida en general. Por eso, la guerra espiritual sobre los territorios es tan intensa. Satanás recibe un golpe mucho mayor cuando ganamos victorias territoriales.

Para que se cumplan las profecías, es necesario alinearse detrás de los apóstoles

Dios tiene una estructura de gobierno perfecta que produce transformaciones en el ámbito terrenal. Tiene un orden perfecto en su gobierno que no puede ser resistido por la desolación de nuestra tierra. Las tierras caen en desolación cuando los pueblos cometen transgresiones, caen en idolatría y se desvían del plan de Dios. Una vez que se produce esta desviación, las fuerzas demoníacas tienen derecho para establecerse en un territorio y mantenerlo cautivo. Hay cuatro categorías principales de profanación de la tierra: ruptura de pactos, idolatría, inmoralidad y derramamiento injusto de sangre. Cuando Joel escribió que iba a venir la langosta a Judá para devorar tanto la tierra como el pueblo, todas estas profanaciones ya habían ocurrido.

> **Dios tiene un orden perfecto en su reino que no puede ser resistido por la desolación de nuestra tierra.**

Pero sabemos que Dios tiene un orden perfecto en su reino

para romper con la profanación y producir el cumplimiento de las profecías. Cuando Jesús ascendía a los cielos, Efesios 4:11 dice que dio dones a la humanidad. En 1 Corintios 12, Pablo muestra que cada miembro del Cuerpo de Cristo tiene una relación individual con el Señor, pero también depende uno de otro. En otras palabras, no podemos cumplir enteramente nuestro destino profético a menos que acomodemos nuestro don correctamente con los de otros miembros del Cuerpo. Pablo muestra el orden en que esto debe hacerse: *"En primer lugar, apóstoles; en segundo lugar, profetas; en tercer lugar, maestros; luego los que hacen milagros; después los que tienen dones para sanar enfermos, los que ayudan a otros, los que administran y los que hablan en diversas lenguas"* (1 Corintios 12:28). Nuestro don debe funcionar dentro del orden que Dios ha prescrito. Por lo tanto, los profetas, que son los segundos, deben ordenar su revelación profética según los apóstoles, que son los primeros en la enumeración. Esto producirá el cumplimiento profético. La expresión "en primer lugar" significa "prototipo" o "modelo". Por tanto, lo que Dios nos dice, profetiza o promete individual, colectiva, territorial y generacionalmente solo puede organizarse como corresponde dentro de ese orden. Cuando nuestras promesas están bien alineadas en el orden de gobierno divinamente dispuesto, vemos su fruto en el campo donde hemos sido plantados.

Capernaum: Un análisis bíblico de transformación territorial

Cuando analizamos las ciudades que Jesús visitó en La Biblia, descubrimos un patrón. Primero, Él tenía un tiempo perfecto para visitar cada ciudad. La gente de cada lugar tenía, entonces, posibilidad de reconocer a Jesús, y recibir sus enseñanzas y su autoridad, o de rechazarlo. Cuando Jesús visitaba una ciudad, esto no solo afectaba a las personas, sino todas las instituciones de la sociedad. Su gloria perneaba la forma de vivir de esa ciudad. Su visitación producía cambios en las estructuras religiosas, económicas, gubernamentales (tanto legales como militares) y educacionales.

En Capernaum, Jesús visitó primero la sinagoga, donde enseñó. Observe cómo respondió a la forma en que los de Capernaum practicaban la adoración religiosa en su sociedad: *"La gente se asombraba de su enseñanza, porque la impartía como quien tiene autoridad y no como los maestros de la ley"* (Marcos 1:22). Jesús usó su don de *enseñanza*. Esto hizo que un demonio o espíritu inmundo que había habitado en uno de los hombres que estaban en la sinagoga saliera de él gritando. El versículo 27 dice que todos los que estaban en la sinagoga quedaron pasmados y dijeron: *"¿Qué es esto? ¡Una enseñanza nueva, pues lo hace con autoridad! Les da órdenes incluso a los espíritus malignos, y le obedecen"*. Así, la fama de Jesús se extendió por toda la región. Así funciona la transformación. En Marcos 2, vemos que Jesús visita nuevamente Capernaum y les *predica* la Palabra. Observe que, esta vez, usa otro don y otro método de transformación. También está en otro ambiente: la casa de una persona. Jesús demuestra, además, una forma diferente de poder al perdonar los pecados de un hombre paralítico. Esto enfurece totalmente a los escribas, ya que el razonamiento religioso de esa época no podía aceptar tal acto como válido. Jesús les pregunta: *"¿Qué es más fácil, decirle al paralítico: "Tus pecados te son perdonados", o decirle: "Levántate, toma tu camilla y anda"?"* (Marcos 2:9). Jesús tenía la prerrogativa de elegir cómo transformar la cultura. Como consecuencia de esta acción, todos *"se quedaron asombrados y comenzaron a alabar a Dios"* (Marcos 2:12).

Cuando Jesús viene a visitar nuestra ciudad, debemos responder. La gloria de su visitación producirá transformación o dureza de corazón. Mateo 11:20, 23-24 dice: *"Entonces comenzó Jesús a denunciar a las ciudades en que había hecho la mayor parte de sus milagros, porque no se habían arrepentido (...) Y tú, Capernaúm, ¿acaso serás levantada hasta el cielo? No, sino que descenderás hasta el abismo. Si los milagros que se hicieron en ti se hubieran*

hecho en Sodoma, ésta habría permanecido hasta el día de hoy.
Pero te digo que en el día del juicio será más tolerable el castigo
para Sodoma que para ti".

¡Cuando Jesús llegue a su ciudad, recíbalo!

Almolonga, Guatemala: Una historia de transformación actual

En su libro *Revival! It Can Transform Your City* (*Avivamiento:*
Puede transformar su ciudad), Peter Wagner cuenta la siguiente historia sobre Almolonga, Guatemala:

A principios de los años setenta, Almolonga era
una ciudad de degradación en todas las maneras po-
sibles. Reinaba el alcohol, y la ebriedad era endémi-
ca. Los hombres se bebían su salario, y se iban a casa a
golpear a sus esposas e hijos. Los lunes por la mañana, las
calles estaban llenas de borrachos apilados como leña para
un hogar. Casi todos tenían varios compañeros sexuales.
Las enfermedades proliferaban, y la extrema pobreza de
la ciudad había cortado los servicios médicos al mínimo.
La violencia era cosa común. Los niños no podían ir a la
escuela. Las cárceles estaban tan superpobladas que había
que construir otras nuevas. Los desastres naturales parecían
tener una atracción especial por Almolonga. La tierra era
estéril, las cosechas fracasaban constantemente, y la comida
escaseaba siempre. En Almolonga, la gente nacía en la miseria, vivía en la miseria y moría en la miseria.[28]

Después de contar un encuentro de poder que cambió la at-
mósfera espiritual de la ciudad, Peter continúa describiendo el
mismo lugar, pero en la actualidad:

Dios ha sido tan glorificado y exaltado en esa ciudad
de casi 20 000 habitantes, que Satanás está avergonzado

y furioso (...) Un 90% de la población de Almolonga es nacida de nuevo. Los edificios más grandes y prominentes en las colinas que rodean la ciudad son iglesias evangélicas (...) La ciudad está limpia. La gente es brillante y alegre. Niños bien vestidos asisten a la escuela, y sus familias están intactas. De los treinta y cuatro bares que había en la ciudad, treinta y uno cerraron. Las enfermedades —que ahora son infrecuentes— pueden ser tratadas con un pronto auxilio médico (...).

¿Pobreza? Es cosa del pasado en Almolonga. Los agricultores cosechan verduras de calidad de exportación, como zapallos del tamaño de pelotas de básquetbol y zanahorias del tamaño del antebrazo de un hombre (...) La última cárcel de Almolonga cerró hace nueve años, porque ya no había más delincuentes.[29]

Territorios transformados = Vidas transformadas

Dios anhela esa clase de transformación en cada territorio. ¡Yo anhelo esa clase de cambio en mi propia ciudad! Cuando un territorio llega a cumplir su destino, es mucho más probable que la gente que vive en él llegue a cumplir su propio destino. La transformación territorial es una clave del cumplimiento profético personal.

Casi todos los principios de este libro se aplican tanto a los territorios como a las vidas de las personas. Tome unos momentos para echar un vistazo a lo que ya ha leído, pero esta vez, pensando en su ciudad. Recuerde que el territorio al que Dios lo ha llamado está vinculado, de alguna forma, con el cumplimiento de sus propias profecías.

¿Cuál es el plan de Dios para su ciudad? ¿Cuál es su "personalidad"? ¿Qué palabras proféticas han sido pronunciadas sobre su territorio? Aunque no sea llamado a ser un pastor o líder en su ciudad, usted es parte del plan de Dios para ese lugar. Eso es parte de la promesa profética de Él para usted, y ver que su territorio prospera es parte de su propio cumplimiento profético.

* 25 Bob Beckett, *Compromiso para la conquista* (Buenos Aires: Peniel).
* 26 Ibíd., pág. 53.
* 27 Ibíd., págs. 65-66, énfasis en el original.
* 28 C. Peter Wagner, *Revival! It Can Transform Your City* (Colorado Springs, CO: Wagner Publications, 1999), págs. 54-55.
* 29 Ibíd., págs. 54-56.

Capítulo 6

Comprendamos y rompamos los viejos ciclos:

Enfermedad, pobreza y religión: una cuerda de tres hilos mortal

U n "ciclo" es un intervalo durante el cual se produce una secuencia recurrente de acontecimientos. Un ciclo puede, también, ser una secuencia de acontecimientos que se repite periódicamente, algo que sucede una y otra vez en determinada ocasión. Un ciclo puede relacionarse con un tiempo o un acontecimiento, y ser sobrenaturalmente orquestado de tal manera que se repita una misma herida o injusticia de generación en generación. A Satanás le encanta tenernos dando vueltas a la misma montaña, atrapados en un patrón cíclico. Pero Dios tiene un remedio para la iniquidad. Cuando aceptamos la sangre y el sacrificio redentor del Señor Jesucristo, podemos romper con cualquier patrón viejo.

Eclesiastés 4:12 dice: *"¡La cuerda de tres hilos no se rompe fácilmente!"*. El principio es que, cuando los tres hilos se unen, forman un cordón triple muy difícil de romper. Las tres fortalezas demoníacas con las que lidiamos la mayoría de las veces en nuestra vida son la pobreza, la enfermedad y la religión. Dado que cualquiera de ellas puede impedir que andemos en victoria, es de imaginarse el impacto que se produce cuando las tres se unen. Por eso creo que es muy importante que comprendamos cómo funcionan estas tres fortalezas.

Enfermedad

Veamos el primero de los hilos: la enfermedad. La enfermedad es más que un problema de salud; también es una referencia de sufrimiento y dolor. Mateo 8:16-17 dice que Jesús: *"Sanó a todos los enfermos. Esto sucedió para que se cumpliera lo dicho por el profeta Isaías: «Él cargó con nuestras enfermedades y soportó nuestros dolores»* (Vea también Isaías 53:4). La enfermedad puede ser una referencia a una discapacidad de alguna clase. Puede ser el resultado de defectos morales o espirituales que hacen que nuestra voluntad se aparte de Dios. Puede estar relacionada con la influencia de un espíritu maligno (vea Lucas 13:11).

La enfermedad, también puede estar vinculada con una debilidad general en nuestro cuerpo o con lo que haya causado esa debilidad, como una tristeza. Romanos 15:1 dice: *"Los fuertes en la fe debemos apoyar a los débiles"*. Estas flaquezas son enfermedades. No solo Cristo llevó nuestras enfermedades y dolencias, sino nosotros también somos llamados a llevar las enfermedades y debilidades de nuestros hermanos en Él. Esto se llama intercesión. Romanos 8:26 dice: *"Así mismo, en nuestra debilidad el Espíritu acude a ayudarnos. No sabemos qué pedir, pero el Espíritu mismo intercede por nosotros con gemidos que no pueden expresarse con palabras"*. Hemos sido llamados para interceder por los enfermos, lo cual nos permite llevar delante del Señor a alguien que es más débil que nosotros.

El ciclo de la enfermedad

Lo que me motivó a escribir este libro fue una enfermedad que sufrí en el año 2001. La manifestación de ella me llevó a la desesperación, en medio de la cual busqué a Dios. El Señor, en su infinita gracia, comenzó a mostrarme que yo tenía un espíritu generacional de enfermedad relacionado con un trauma. El trauma de mi pasado mantenía en su lugar a este espíritu enfermo.

No era la primera vez que yo sufría físicamente; la enfermedad y la debilidad eran algo recurrente en mi vida. De niño, estuve plagado de enfermedades como úlceras estomacales, asma bronquial y migrañas, por mencionar solo algunas. Desde que fui lleno del Espíritu Santo, había aprendido a resistir el poder de la enfermedad. Pero nunca lo había vencido realmente.

A principios de los años noventa, recibí malas noticias sobre mi esófago y mi colon; estaban dañados y creaban una situación muy peligrosa para mí. El Señor me acompañó mientras recibía una serie de malos diagnósticos de los médicos. Después, debido a mi situación interna, mi cuerpo comenzó a rechazar cualquier cosa que ingresara en él, y a tratarla como un alérgeno. Comencé a tener *shocks* anafilácticos. Me sentía muy mal y, en ese momento, estaba muy preocupado por mi futuro.

En la Escuela Nacional de Profetas, en Baltimore, Maryland, mi amiga Cindy Jacobs me dijo que creía que mi enfermedad estaba relacionada con el trauma que yo había vivido en mi niñez. Ella creía que la pérdida de liderazgo de mi padre en nuestra familia y su prematura muerte aún influía sobre mí. Mi primera impresión fue: "¡No puede ser! He sido liberado de todo eso. Hasta escribí un libro sobre cómo superé la pérdida que sufrimos en nuestra familia".

Volví a casa muy enfermo, sin poder digerir ninguna comida. Mi hermano, Keith, era maestro de Escuela Dominical y, un domingo, me llamó después de dar su clase. Me dijo: "Mientras enseñaba hoy, el Señor me dijo que la enfermedad que sufres está relacionada con la pérdida de nuestro padre". Pensé: "¿Por qué mi hermano nunca se enferma? Mi papá también era su papá". Así que se lo pregunté, y él me respondió: "Tú tenías un vínculo emocional diferente con papá. Su pérdida te lastimó y te afectó de una manera que no me afectó a mí".

Esas palabras me hicieron abrir los ojos. Caí delante del Señor y comencé a preguntarle cómo romper esa iniquidad generacional de enfermedad que estaba relacionada con el trauma de la pérdida que había sufrido en mi vida. Desde ese momento, el Señor me ha hecho atravesar un camino que me ayudó a comprender cómo el trauma afecta nuestro ADN y debilita nuestro espíritu. Un versículo que llegó a ser vital para mí es Proverbios 18:14: *"En la enfermedad, el ánimo levanta al enfermo; ¿pero quién podrá levantar al abatido?"*. El abatimiento se produce cuando las dificultades de la vida destruyen nuestra capacidad de resistirlas. Jesús vino a sanar nuestro cuerpo, pero también su deseo es que seamos sanos no solo en el en cuerpo, sino en el alma y en el espíritu.

Los efectos de la iniquidad generacional en nuestro ADN

Las personas suelen confundirse en cuanto a cómo funcionan las iniquidades generacionales. Rebecca y yo explicamos este asunto en detalle en nuestro libro *Possessing Your Inheritance*, pero creo que sería útil brindar un pequeño repaso de este tema en el contexto del ciclo de enfermedad.[30]

> **Jesús vino a sanar nuestro cuerpo, pero también su deseo es que seamos sanos no solo en el en cuerpo, sino en el alma y espíritu.**

Para comprender cabalmente la iniquidad generacional, es importante, primero, comprender cómo el ADN forma el diseño de nuestro cuerpo. El ADN hace que las características de una generación pasen a la siguiente. Cuando las células del embrión se dividen y se multiplican, lo hacen según la estructura de los pares básicos del ADN. La combinación de estos pares brinda las instrucciones hereditarias de cuál será el código según el cual cada célula cumplirá su cometido específico. A medida que las células continúan multiplicándose, los grupos de estas forman tejidos. Los tejidos, a su vez, forman órganos. Las células sanguíneas son impulsadas por el cuerpo para dar oxígeno a cada órgano y así permitirle sobrevivir. Las células de nuestro estómago trabajan juntas para digerir los alimentos; las de nuestro cerebro trabajan cuando estudiamos y buscamos conocimientos.

Cuando el espermatozoide y el óvulo se unen, y se forma una nueva vida, ya está preprogramado, en la constitución de esa persona, el plan redentor de Dios así como las características inicuas heredadas que se resistirán a ese plan para impedir su cumplimiento. En otras palabras, nuestra sangre comienza a luchar contra sí misma desde el momento de la concepción. Dado que las células son dinámicas, un patrón inicuo en el ADN de una célula puede afectar toda nuestra constitución física y mental. Si algo pervertido o relacionado con una iniquidad se transmite en nuestro ADN, ese mensaje se multiplica, para mal, en nuestro ser.

El Espíritu de Dios puede entrar en nuestra vida para transformarnos en hijos de Dios. (Vea Gálatas 3:26). Cuando sometemos y entregamos nuestra vida a la obra del Espíritu Santo, Él fluye a través de nuestra sangre y limpia nuestra conciencia de los procesos mentales de los patrones inicuos que hay en nuestro linaje. Hebreos 9:14 dice:*"¡Cuánto más la sangre de Cristo, quien por medio del Espíritu eterno se ofreció sin mancha a Dios, purificará nuestra conciencia de las obras que conducen a la muerte, a fin de que sirvamos al Dios viviente!"*.

En mi caso, había una debilidad generacional que se había sumado a la pérdida y al trauma. Pero Dios, esa mañana, me mostró una iniquidad generacional que se había producido en mi linaje, relacionada con mi padre. Confesé esto como pecado y renuncié al poder de sus efectos. Esto me puso en un nuevo camino hacia la salud. Hubo cuatro médicos que me ayudaron mucho a tener un nuevo orden en mi vida. Uno fue un quiropráctico, otro, un homeópata, otro, un gastroenterólogo, y el otro, mi médico de cabecera. Cada uno cumplió un papel diferente en el diagnóstico de mi situación. Pero fue el Espíritu de Dios quien comenzó a cambiarme en gran manera desde adentro.

El tratamiento de las enfermedades era parte del plan redentor y liberador de Jesús

Jesús sanaba a los enfermos. Era uno de sus principales ministerios. Trataba las causas orgánicas de muchas enfermedades y trataba a personas afectadas por demencia, problemas congénitos e infecciones. Los ciegos, los sordos, los cojos y otros sufrientes se acercaban a Él en busca de ayuda. Me encanta la historia de la mujer con el espíritu de enfermedad que "se abrió paso" para acercarse a Él, en Marcos 5:25-34. Esta mujer es un increíble ejemplo de victoria personal. Venció la estructura religiosa de esa época, la vergüenza de ser mujer y el estigma de ser impura. Se abrió paso para tocar al Señor. Y así logró que del Señor, del cuerpo del Señor, saliera el "poder" que sanó su enfermedad.

En la cultura hebrea de esa época, la mayoría de la gente creía que las enfermedades eran consecuencia directa del pecado (vea Juan 9:1-3). Pero Jesús cambió este concepto sanando a un ciego de nacimiento. Cuando los discípulos le preguntaron: *"Rabí, para que este hombre haya nacido ciego, ¿quién pecó, él o sus padres?"*, Jesús respondió que la enfermedad no tenía relación con el hombre ni con sus padres, sino era *"para que la obra de Dios se hiciera evidente en su vida"*. Muchas malas decisiones que tomamos producen consecuencias sobre nuestro cuerpo, pero Jesús vino a darnos la gracia de sacarnos de la atadura del castigo por el pecado, y llevarnos a la sanidad y la plenitud. Él tenía tanto el poder de perdonar pecados, como el de sanar (vea Mateo 9:1-8; compare con Marcos 2:1-12 y Lucas 5:17-26). En más de una ocasión, Jesús usó su propia saliva como ungüento (vea Marcos 7:32-35; 8:22-25; Juan 9:6-7). Esto me resulta fascinante: una de las formas principales en que se consiguen muestras de ADN es por medio de la saliva. Jesús tomó su propia saliva, la aplicó sobre los ojos del ciego, y vio formarse sus ojos. También sanó a quienes sufrían enfermedades mentales y epilepsia, generalmente relacionadas con poderes demoníacos (vea Marcos 9:18). También trató problemas de disentería y fiebre (vea Mateo 8:14-15). La esterilidad y la infertilidad también eran problemas terribles en los tiempos bíblicos. Fuera cual fuese la causa de su sufrimiento, las personas se daban cuenta de que Jesús realmente podía ayudarlas.

¿Para qué necesitamos a los médicos?

Como sucede en la actualidad, la prevención era la forma más importante de combatir las enfermedades en los tiempos bíblicos. Es interesante observar que, tal como entendemos actualmente las enfermedades, muchas de las leyes que Dios estableció en tiempos bíblicos ayudaban a prevenir y combatir diversas dolencias. La alimentación es uno de los principales factores de la salud, motivo por el cual encontramos diversas leyes relativas a ella (vea Levítico 11). El vino también se utilizaba para ayudar a cortar algunos problemas, aliviar dolores e incomodidades (vea 1 Timoteo 5:23). También encontramos el uso de ungüentos y pomadas en los tiempos bíblicos con fines terapéuticos (vea Isaías 1:6). Santiago indica el uso conjunto de aceites, confesión de pecados y autoridad espiritual para producir sanidad (vea Santiago 5:14).

En un mundo de estímulos químicos y estrés abrumador, es una maravilla que alguno de nosotros permanezca sano. El estrés tiene tal impacto sobre nuestro cuerpo —tanto física como espiritualmente— que, sin la fuerza del Señor, nos sería imposible vivir en este mundo. Jesús nos dijo que estamos en el mundo, pero no somos de él (vea Juan 17:11, 14). ¿Para qué, entonces, necesitamos a los médicos? Una razón es que ellos están capacitados para comprender la dinámica *del* mundo que puede darnos sabiduría para estar *en el* mundo.

La mayoría de los médicos también comprenden los ciclos. Si el médico adopta un enfoque bíblico para el tratamiento de la persona —es decir, tratar de sanar al individuo de manera integral—, puede encontrar la raíz del problema y no solo ayudar a sanarla, sino a prevenir otras enfermedades en el futuro. Con los conocimientos médicos preventivos y los avances en la medicina, se pueden revertir deficiencias que abren caminos a la enfermedad.

¿Para qué necesitamos a los médicos? Porque ellos certifican lo que Dios hace en un mundo escéptico.

Uno de mis libros preferidos es *Dr. Gallagher's Guide to 21st. Century Medicine: How to Get Off the Illness Treadmill and on to Optimum Health* (*Guía del Dr. Gallagher para la medicina del siglo XXI: Cómo salir de la rueda de molino de la enfermedad y alcanzar una salud óptima*). En este libro, el Dr. Gallagher dice: "El cuerpo es un sistema milagroso, equipado con una capacidad innata de lograr equilibrio y salud. Cada uno de nosotros tiene en su interior la capacidad de trabajar y desarrollar este don dado por Dios".[31] El Dr. Gallagher sugiere una alimentación más sana, suplementos nutricionales y herbales, descubrir y eliminar alergias desconocidas a algunos alimentos y sensibilidad a determinadas sustancias químicas, un simple programa de desintoxicación para eliminar toxinas dañinas del cuerpo, quiropraxia y la práctica de ciertas reglas lógicas para el cuidado de la salud. También da instrucciones sobre cómo romper un viejo ciclo o "rueda de molino", que, según su definición, es:

> Algo en lo que caminamos o corremos sin llegar a ninguna parte. Una rueda de molino de enfermedad es algo que nos envuelve en una red interminable de diagnósticos, recetas, tratamientos, y no nos lleva a ninguna parte, o nos enferma aun más (...) Una vez que estamos subidos en esa rueda, es posible que tengamos un alivio temporal de algunos síntomas. Pero muchas veces, la causa del problema se pasa por alto, así que, al final, las cosas empeoran. Mientras tanto, los tratamientos que se utilizan para suprimir los síntomas suelen causar efectos colaterales y nuevos síntomas.[32]

El Dr. Gallagher sugiere que debemos hallar la raíz de la enfermedad y romper el ciclo. En su libro, brinda sugerencias prácticas para tratar muchas enfermedades.

Romper ciclos de enfermedad

Tengo dos amigos de Oklahoma City, el Dr. Dee Legako y Pat Legako, que son excelentes ministros y tienen formación como profesionales médicos. El Dr. Dee Legako escribe lo siguiente sobre cómo romper el ciclo de enfermedad:

La práctica de la medicina, con frecuencia, está relacionada con ciclos. Generalmente, es necesario interrumpir un ciclo para efectuar un cambio. Puede ser un ciclo breve, como una enfermedad bacteriana aguda que se trata con un antibiótico. Puede ser un ciclo más prolongado, que requiera un tratamiento. Puede relacionarse con ciclos prolongados que se traten con cambios en el estilo de vida. Sea cual fuere el problema (el mal ciclo), se utiliza una herramienta para romperlo y crear un ciclo sano o bueno.

La penicilina es un excelente ejemplo de cómo tratar una enfermedad bacteriana rompiendo un ciclo. Las paredes de las células bacterianas son esenciales para su crecimiento y desarrollo normal. La penicilina (...) se ancla en la unión –CO-N del anillo de B-lactamo [en la pared celular] y detiene la producción de la pared celular, con lo que rompe el ciclo de reproducción de la bacteria y detiene la enfermedad. Por el contrario, algunos organismos producen Beta-lactamasas (penilicinasas) y son resistentes a ciertas penicilinas porque el anillo de Beta-lactamo se rompe, y la droga pierde su efectividad.

El cáncer colorrectal es la segunda causa de muerte en los Estados Unidos debido a su malignidad. La enorme mayoría de estos cánceres surgen de pólipos precancerosos. Hay técnicas que detectan el desarrollo de estos pólipos (prueba de sangre oculta en las heces, ensayos de ADN de blanco múltiple, sigmoidoscopias flexibles, colonoscopias, enemas con bario de doble contraste y colonografía por tomografía computada). Una vez detectados, estos pólipos precancerosos pueden ser quitados. El ciclo se corta, y así se evita el cáncer.

El cáncer colorrectal es un ejemplo de la necesidad de tratamiento continuo. El proceso de desarrollo y transformación de estas lesiones, que se conoce, nos permite preparar una estrategia de seguimiento para evitar futuras lesiones malignas. Dependiendo de los resultados iniciales, se pueden realizar nuevos estudios con diversos intervalos para asegurarse de que la malignidad (mal ciclo) no se repita. La diabetes *mellitus* es reconocida como una nueva epidemia en los Estados Unidos. Esta enfermedad tiene varios ciclos de largo plazo. Ciertos genes están fuertemente relacionados con el desarrollo de la diabetes del tipo 1; de allí el ciclo hereditario de diabetes. El ciclo creciente de obesidad en los EE.UU. y la disminución de la actividad física contribuyen al desarrollo de la diabetes. El proyecto genoma humano y/o el transplante de células de los islotes puede conducir a romper el ciclo hereditario de la diabetes. Las personas que reconocen su propensión a la diabetes logran romper este ciclo bajando de peso, comiendo adecuadamente y aumentando su actividad física.[33]

La esposa de Dee, Pat, que es enfermera diplomada, ministra a las personas en el campo de la liberación. Y escribe:

Al tratar problemas emocionales y mentales, vemos muchos ciclos. Estos ciclos se manifiestan generacional y personalmente, y pueden romperse encontrando la raíz y tratándolos con liberación, consejería, medicación o una combinación de técnicas.

Tomemos por ejemplo el diagnóstico de depresión. Cuando analizamos la historia de una familia, se ve con frecuencia que la depresión pasa de una generación a otra. Algunas veces, no se la reconoce con este nombre.

Una persona puede ser considerada alcohólica, ya que "ahoga sus penas" con alcohol, tratando de contrarrestar la depresión. La persona de la generación siguiente quizá no abuse del alcohol, pero tenga un diagnóstico de depresión. El descendiente de la tercera generación quizá se haga adicto a las drogas (legales o ilegales) para tratar de escapar de su depresión. El problema, en las tres generaciones, es la depresión, que debe ser reconocida y tratada adecuadamente para romper el ciclo.

El desorden bipolar causa ciclos en la vida de una persona. Esta suele buscar ayuda cuando está en una fase depresiva. A esto le sigue una fase que podríamos llamar de comportamiento normal. Después, una fase de comportamiento maníaco. Al comienzo de este ciclo, la persona, generalmente, es muy productiva y no busca ayuda hasta que pasa a una manía que le produce un estado psicótico. Inicialmente, esta enfermedad no puede ser tratada solo con oración y consejería. Suele necesitarse medicación para romper el ciclo continuo en la vida de la persona.

Se ha demostrado, sin lugar a dudas, que el abuso familiar se transmite de generación en generación. Estadísticamente, se ha probado que, si alguien fue abusado en su niñez, la probabilidad de que en su adultez sea, a su vez, abusador es mucho mayor. Cuando un niño es abusado, recibe un espíritu de rechazo y, con frecuencia, un espíritu familiar de la víctima/predador entra en él. Cuando se convierte en adulto, esos espíritus influyen en su comportamiento, y abusa de otros. La forma de romper este ciclo que pasa de una generación a otra es liberación y consejería. Esta por sí sola, con frecuencia, no es efectiva, ya que la personalidad del abusador se ha formado con estos espíritus. No conoce otra forma de pensar o actuar, y no podrá aprender un nuevo comportamiento hasta ser liberado de esa influencia demoníaca.

El Señor nos ha estado mostrando cómo investigar y escribir oraciones para enfermedades genéticas. La esquizofrenia suele estar relacionada con cambios en el cromosoma 22q11. A medida que se continúe investigando en el proyecto genoma humano, podremos rastrear esos ciclos en generaciones anteriores y orar de manera más eficaz por enfermedades como la esquizofrenia. También estamos investigando cómo se relacionan las enfermedades genéticas con iniquidades generacionales.

En el trastorno por déficit de atención (TDA) y el trastorno por déficit de atención con hiperactividad (TDAH), vemos un ciclo generacional, al mismo tiempo que un ciclo de fracaso en la vida de la persona. Debido a la incapacidad para concentrarse y seguir una conversación, el individuo no responde adecuadamente. Quienes sufren estos trastornos son tildados de lentos para el aprendizaje, problemáticos, groseros y cosas por el estilo. Esto los predispone para el rechazo y es una enorme puerta abierta al autorechazo. Este ciclo puede romperse con medicación y modificación de comportamientos. Una vez que la persona está medicada, el comportamiento suele corregirse fácilmente, porque ya puede concentrarse y participar en el tratamiento.

En cualquiera de estos trastornos, es importante buscar la ayuda del Espíritu Santo y su sabiduría para ministrar. Hay momentos en que una persona está en tal estado de depresión o agitación que no puede recibir ministración hasta después de haber sido medicada. He tratado con personas que se negaban a tomar medicación porque creían que tomarla significaba que no tenían fe. He hablado con ministros que se negaban a ministrar liberación a una persona que estaba siendo medicada porque creían que los remedios alteraban su estado mental. Si poder pensar coherentemente y concentrarse es alterar la mente,

entonces, estas personas deben poder recibir la ministración. La buena noticia es que hay ayuda para personas
con problemas emocionales y mentales. Busque los ciclos
y esté preparado para romperlos.[34]

Sea cual fuere el camino que usted elija para ser sano, siguiendo
la voluntad de Dios, busque la raíz de su enfermedad y siga el proceso de sanidad hasta el final. Cuando estaba enfermo, tuve que
tomar una decisión sobre seguir al Señor en Nigeria. El Dr. Peter
Wagner iba a dirigir una reunión allí con líderes apostólicos claves
de esa nación. Siempre sirvo a Peter cuando él me pide que vaya a
algún lado, pero la idea de viajar a Nigeria era difícil de conciliar
con mi estado, en ese momento. Sin embargo, Peter me alentó a
que fuera. Hasta me dijo: "Dada la forma en que el poder de Dios
se está moviendo allí, hasta podrías ser sanado". Y tenía razón.
Superé mi temor y fui a Nigeria. Durante una reunión de oración
a la que asistieron 10.000 personas, el Espíritu de Dios descendió.
Cuando sirvieron la comunión, invitaron a quienes estaban enfermos a pasar al frente. Yo fui el primero. Cuando la tomé, sentí que
una maldición de enfermedad abandonaba mi cuerpo.

No puedo decir que no haya vuelto a enfermarme desde entonces. Pero sí que dentro de mí ahora está el poder para resistir la
enfermedad. Cuando el poder de la enfermedad viene contra mí,
me someto a Dios, resisto al diablo y veo cómo huye.

Pobreza

Aparentemente, el mayor espíritu contra el que luchamos en
esta sociedad materialista es el segundo hilo de la cuerda de la
cautividad: la pobreza. Pobreza es no llegar a ser aquello para lo
que Dios nos ha creado y desea que seamos, y no creer que el Señor pueda hacernos alcanzar la plenitud de su plan. Pobreza no es
solo experimentar falta, sino el temor de que nos falte.

La pobreza se produce cuando conformamos nuestras circunstancias al modelo que el mundo ha puesto a nuestro alrededor.

La miseria ocurre cuando el dios de este mundo nos rodea y nos influencia con una perspectiva mundana, haciéndonos olvidar la capacidad de Dios en medio de nuestras circunstancias. La pobreza es una voz que dice: "¡Dios no puede!".

La pobreza puede producirse por varios medios. Puede producirse por medio de la opresión y de estructuras de autoridad equivocadas (vea Isaías 5:8). Puede producirse si desarrollamos una mentalidad de codicia y glotonería (vea Proverbios 23:21), o si somos indolentes o perezosos (vea Proverbios 28:22), lo cual sucede cuando caemos en la tentación de hacernos ricos rápidamente. La pobreza puede producirse cuando nos resistimos al Espíritu Santo y, por tanto, negamos la bendición de Dios.

¿Cuáles son las causas de la pobreza?

La principal causa de la pobreza en nuestra vida es no cosechar. Cuando no recogemos la cosecha, se instala una mentalidad de pobreza en nosotros. Muchas veces, el enemigo espera hasta que nos llega el tiempo de cosechar para desarrollar estrategias de devastación contra nosotros. Como los madianitas, que siempre robaban la cosecha de los israelitas (vea Jueces 6), el enemigo ya ha preparado un plan para comerse nuestros bienes y posesiones.

Podemos plantar. Podemos ver crecer nuestros sembrados. Hasta podemos llegar a la cosecha. Pero si no aprovechamos la oportunidad de recoger y administrarla, comenzará a desarrollarse una estrategia de pobreza contra nosotros.

Cuando aumentamos sin preparar graneros para contener lo que hemos cosechado, el enemigo tiene acceso a nuestro exceso y nuestro futuro.

Otras causas de pobreza son adoptar estructuras que hacen que los índices de interés superen lo que agrada a Dios (vea Nehemías 5:1-5), el temor y la negativa a enfrentar a nuestro enemigo (vea Proverbios 22:13) y sucumbir a las persecuciones por asuntos de fe (vea 2 Corintios 6 y 8).

Rompamos el espíritu de pobreza

Si las ventanas de los cielos se abren, todo espíritu que nos haya atrapado en el pasado huirá. Un ciclo que, creo, debemos romper, está relacionado con el espíritu de pobreza. ¡Necesitamos un viento de cambio que sople sobre nosotros y nos dé victoria!

La victoria es derrotar a un enemigo u oponente, tener éxito en una lucha contra alguna dificultad u obstáculo que se interpone en nuestro camino, y es el estado de haber triunfado. ¡Debemos declarar victoria sobre el espíritu de pobreza! Este espíritu ha violado el orden perfecto de Dios y producido inestabilidad en muchas personas. Creo que el Señor nos dice que nos obliguemos a levantarnos violenta y apasionadamente en defensa del Cuerpo de Cristo contra este espíritu; que debemos perseverar a pesar de las dificultades y las tormentas para producir un cambio en el ambiente. Declaro que cualquier entorno de pobreza que lo rodee a usted o a su esfera de autoridad será invadido por el ambiente de bendición y gloria del cielo.

> **Debemos levantarnos violenta y apasionadamente en defensa del Cuerpo de Cristo contra este espíritu; que debemos perseverar a pesar de las dificultades y las tormentas para obligar a un cambio en el ambiente.**

La Iglesia está en un tiempo de cambio increíble, y creo que todos sentimos esos cambios en y alrededor nuestro. Puedo escuchar al Señor diciéndonos: "Lo que siembres comenzará a producir gran fruto". Hay gracia para que nuestras ofrendas se multipliquen a treinta y a cien. Es un tiempo para lograr la victoria dando, con el fin de romper la maldición de robarle a Dios.

El Cuerpo de Cristo debe ver la restauración en nuestra provisión, porque la restauración siempre está relacionada con la multiplicación. Las deudas y las derrotas económicas de otros tiempos en nuestra vida deben revertirse. Cualquier espíritu de pobreza que haya atrapado a nuestro linaje en cautividad y nos haya impedido alcanzar la plenitud de la prosperidad que Dios tiene para nosotros debe ser destruido. El Señor rompe el poder de la mendicidad sobre su pueblo. Él está creando un pueblo de fe. Él cambiará la identidad de sus hijos para que dejen de ser mendigos y se conviertan en reyes.

Haga guerra para romper con la pobreza

Si usted es enviado a la guerra, pero pierde una batalla, llevará sobre sí la vergüenza hasta que obtenga una victoria. Muchos, en el Cuerpo de Cristo, temen hacer guerra. Pero es necesario presentar batalla para vencer a nuestros enemigos y tomar posesión de lo que nos ha sido prometido. Guerra es recibir gracia para pelear (vea 1 Timoteo 6:12; 2 Timoteo 2:3-4). Guerra es recibir la armadura necesaria para la victoria (vea Efesios 6:11-17). La guerra nos da oportunidad de vencer (vea Apocalipsis 3:21).

El Señor usó ejércitos para sacar a su pueblo de Egipto (vea Éxodo 12:51) con sonido de trompeta y gritos de guerra. Él los sacó con el arca, la presencia de Dios (vea 1 Samuel 4:5-6). Usó las fuerzas de la naturaleza, cuando fue necesario, para ayudarlos a vencer a sus enemigos (vea Josué 10). Dios siempre pone en práctica estrategias que nos permiten tomar el botín de los enemigos, prosperar y permanecer (vea Mateo 10; Efesios 6). Él tiene un estandarte de victoria desplegado sobre nosotros. Mientras Jehová Nisi nos cubre con su estandarte, Jehová Sabaoth envía los ejércitos de los cielos para ayudarnos. Él es Dios de los ejércitos de la Tierra (vea 1 Samuel 17:45) y Dios de los ejércitos invisibles de ángeles (vea 1 Reyes 22:19). Él es Jehová de los ejércitos (vea Romanos 9:29). ¡Él ya tiene la victoria para usted!

Nosotros debemos combatir la pobreza siendo bondadosos y

generosos con los demás. Como Booz, combatimos la pobreza permitiendo que otros cosechen en nuestros viñedos y dándoles acceso a lo que nos sobra (vea Rut 2). Combatimos la pobreza desarrollando estrategias para ayudar a quienes han sido diezmados por ella sistemáticamente. En otras palabras, ayudamos a otras personas a obtener sabiduría para salir del sistema que Satanás utiliza para mantenerlos cautivos por medio de sus finanzas. También debemos desarrollar estrategias para la cosecha (vea Amós 9:13). Cuando lo hacemos, triunfamos y vamos de multiplicación en multiplicación.

Que Dios lo bendiga y le dé éxito en todo aquello que emprenda con sus manos. El Señor nos da el poder para adaptarnos a toda circunstancia para tener éxito y cumplir su pacto (vea Deuteronomio 8:18). Tener éxito significa seguir, despojar al enemigo y poseer u ocupar su territorio. Significa dominar el lugar o la posición que el Señor nos asigna. Tenemos éxito cuando cumplimos el plan redentor de Dios para nuestra vida. Si recibimos revelación, honramos a los profetas y estamos en el lugar correcto en el momento justo, haciendo lo que debemos hacer, tendremos éxito.

Josué 1:8 dice: *"Recita siempre el libro de la ley y medita en él de día y de noche; cumple con cuidado todo lo que en él está escrito. Así prosperarás y tendrás éxito"*. El éxito llega cuando nos comportamos sabia y prudentemente, cuando estudiamos para desarrollar habilidad y entendimiento. La ayuda para que logremos el éxito ya está en camino.

El poder para recibir riquezas

La riqueza es la abundancia de posesiones o recursos. En la época de los patriarcas, la riqueza se medía, principalmente, en ganado: ovejas, cabras, burros y camellos. Así fue con Abraham (vea Génesis 13:2), Isaac (vea Génesis 26:12-14) y Jacob (vea Génesis 30:43; 32:5).La gente del mundo antiguo también medía la riqueza según la cantidad de tierras, casas, siervos, esclavos y metales preciosos que una persona poseía. El principal ejemplo es el rey Salomón, cuya gran riqueza se relata en 1 Reyes 10:14-29. Es importante que recordemos que la riqueza material viene de Dios. El profeta Amós tronó contra los ricos y prósperos habitantes de Israel, que *"venden al justo por monedas, y al necesitado, por un par de sandalias"* (Amós 2:6). Su riqueza era corrupta y estaba maldita, porque se basaba en la explotación de los pobres.

Por el contrario, la verdadera "riqueza" es recibir la gracia del Espíritu Santo que nos permite hacer lo que somos llamados a hacer. La riqueza está relacionada con la acumulación, con lo que hemos logrado reunir. A partir de esa riqueza, trazamos un plan para administrarla.

Cuanto más sabiamente administramos nuestras posesiones, más recibimos. No hablo solamente de dinero. Dios busca personas que hagan un cambio en su mayordomía para poder transferirles riquezas.

Dé para salir de la pobreza

El asunto de dar u ofrendar es, probablemente, uno de los más controvertidos en el Cuerpo de Cristo. Dar no significa llevar dinero a la iglesia. Dar tiene que ver con una relación de pacto instaurada en un altar de adoración. Damos cuando reconocemos que nuestro Rey es justo y legítimo. Bendecimos al Señor para que Él se ubique, con justicia, de nuestro lado. Damos cuando adoramos.

Damos cuando respondemos a la autoridad con generosidad y bendición. Damos cuando comprendemos que el menor es bendecido por el mayor, que Dios es el Gran Rey y que deberíamos querer darle todo. Damos cuando no retenemos lo que el Señor nos ha confiado.

Religión

El motivo principal por el que a la mayoría de la gente le resulta difícil dar es que están atados por el último de los hilos de la triple cuerda: el espíritu de religión. En Mateo 16:6, Jesús nos advierte que nos guardemos de los fariseos. Los fariseos eran religiosos —hasta diezmaban—, pero o no conocían a Dios o no estaban dispuestos a cambiar cuando Él quería hacer algo nuevo. El espíritu de religión se resiste a los cambios. Creo que es uno de los espíritus más difíciles de romper.

Uno de los mayores gozos de mi vida ha sido la oportunidad de trabajar con el Dr. Peter Wagner, que ha escrito el mejor libro sobre este tema: *The Spirit of Religion (El espíritu de religión)*. Nehemías 8:10 dice que *"el gozo del Señor es nuestra fortaleza"*, y Peter es un hombre lleno de gozo. Disfruta de la gente, de su familia, de su ministerio y de sus propias bromas. Peter nunca deja que la vida se estanque y le quite el gozo. Una de sus características, que, para mí, es clave en su vida, es que le encantan los cambios. Si Dios decide que es tiempo de hacer un cambio en la Tierra por medio de nuevos procesos mentales, parece que Peter siempre es el primero en levantar la mano y decir: "¡Úsame a mí!". Hacer cambios parece ser la clave para confundir permanentemente al espíritu de religión. Me agradó mucho aceptar la invitación de Peter para escribir el prefacio de su libro *The Spirit of Religion*. Dado que soy un profeta, tuve que aprender a luchar contra los espíritus religiosos. En ese prefacio, escribí:

¿Qué es un espíritu religioso y cómo actúa? Este libro explora y explica osadamente cómo esta fuerza engañosa ha trabajado para detener el progreso de la Iglesia a lo largo de los siglos. La religión no es algo malo cuando nos remitimos al significado literal de la palabra: considerar las cosas divinas. La palabra "religión" tiene tres significados en la Palabra de Dios: actos religiosos externos, como orar e ir a la iglesia; el sentimiento de total dependencia; y la observación de la ley moral como una institución divina. Santiago 1:26-27 define la religión desde el punto de vista cristiano: *"Si alguien se cree religioso pero no le pone freno a su lengua, se engaña a sí mismo, y su religión no sirve para nada. La religión pura y sin mancha delante de Dios nuestro Padre es ésta: atender a los huérfanos y a las viudas en sus aflicciones, y conservarse limpio de la corrupción del mundo"*.

La religión está relacionada con la adoración. Cuando es pura, es muy poderosa. Pero también se puede definir como un sistema organizado de doctrina con un patrón de comportamiento aprobado. Aquí es donde nos apartamos de la religión pura y sin mancha, y pasamos al ritual. Los demonios de la doctrina roban a las personas su libertad para adorar a un Dios santo instituyendo reglas y pautas para su adoración. Siempre he sido un pensador creativo y expresivo para adorar. En el Cuerpo de Cristo, soy conocido como un profeta moderno que expresa lo que Dios tiene en su mente y su corazón, y he tenido que dejar atrás a los espíritus de religión que se resisten a este don divino. Los demonios odian la revelación de Dios. Se resisten a los dones que dan liberación por revelación a los miembros de la Iglesia. Tratan de congelar la revelación de apóstoles y profetas, porque esta palabra revelada establece el fundamento de Dios en su pueblo para esta era. 1 Corintios 12:28 presenta un orden de dones de gobierno en la Iglesia para lograr la victoria en el mundo. Ese orden es: "primero apóstoles, luego profetas". Los espíritus religiosos intentan desafiar el orden de Dios.

Estos también pueden, simplemente, negar el cambio. Nuestras mentes y procesos mentales ayudan al Espíritu de Dios a producir cambios en la tierra, pero la mente carnal está en enemistad con Dios. Los espíritus religiosos tratan de bloquear el pensamiento estratégico para el futuro. Pueden hacer que la persona se enrede de tal forma en la rutina, que no quiera cambiar a los métodos actuales para la victoria. En el Nuevo Testamento, los discípulos del Señor tuvieron que obtener revelación de quién era Él, quiénes eran ellos y quién era el enemigo. Los fariseos tenían la posibilidad de negar la naturaleza divina del Hijo de Dios o sumarse a Él. Debían elegir entre mantener las reglas que impedían cambios de comportamiento en la adoración o comenzar a adorar en Espíritu y en verdad. La mayoría no llegó a tomar la decisión que podría haber cambiado su vida, su familia y su sociedad. Por tanto, en Mateo 16:18-19, vemos a Jesús tomando las llaves del reino de los escribas y fariseos, y entregándolas a los futuros líderes que desafiarían a la religión y llevarían a la Iglesia a su futuro. Lo mismo sucede hoy. Debemos saber quién es Cristo, quiénes somos nosotros y quién es nuestro enemigo, y debemos decidirnos a seguir al Espíritu que nos guía en estos días de transformación. Romanos 12:2 dice: *"No se amolden al mundo actual, sino sean transformados mediante la renovación de su mente. Así podrán comprobar cuál es la voluntad de Dios, buena, agradable y perfecta"*. La expresión "sean transformados" significa cambiar, transfigurar o experimentar una metamorfosis, como una oruga que se transforma en una mariposa. El Señor dijo a su pueblo, Israel, que podían cambiar, dejar de ser gusanos para ser instrumentos nuevos y afilados con dientes que podrían moler los montes (vea Isaías 41:14-16). Pero antes de darles esta promesa de transformación, les dice: "No temas" (v. 14).[35]

¡No tema al cambio! No tema adoptar los paradigmas que producen cambio. No tema a la confrontación. No tema al próximo gran mover del Espíritu de Dios. No tema soltar los métodos de adoración que nos han hecho estar incómodos en la iglesia. Desafíe a los espíritus de religión que lo rodean y avance con valentía hacia su futuro.

Enfermedad, pobreza y religión: un nudo que produce muerte

Me encanta estudiar la vida de David. Un pasaje que siempre me ha intrigado es 1 Samuel 20:3. En este pasaje, David dice: *"estoy a un paso de la muerte"*. David tuvo que aprender a maniobrar para esquivar la estructura religiosa del rey Saúl y el poder maligno adosado a ella que se resistía al cambio. Satanás tiene una estrategia que crea un sudario de muerte para bloquear lo mejor que Dios tiene para nosotros. Le encanta usar la religión para mantenernos atados en enfermedad y pobreza. Esto forma un nudo mortal que ahoga el mejor plan de pacto que Dios tiene para nuestra vida. En Juan 10, Jesús dice que Satanás *"no viene más que a robar, matar y destruir"*. El último enemigo contra el que batallaremos es la muerte. Desde una perspectiva física, "muerte" es una palabra que denota la extinción de las funciones vitales; el poder de la muerte paraliza a su víctima de tal manera que hace imposible el avivamiento y la renovación. Pero desde una perspectiva espiritual, la muerte no es el final de la existencia humana, sino un cambio de lugar o condiciones para la continuación de la existencia consciente. *"La paga del pecado es muerte"*, dice Romanos 6:23. La muerte es el castigo por el pecado. Pero Jesús vino a revelar el poder de la vida sobre la muerte. La obra de la cruz abolió ese poder y le quitó ese aguijón (vea 1 Corintios 15:22).

No podemos temer a la muerte, porque, si le tememos, nunca podremos vencerla. Debemos recordar que, como hijos de Dios que fuimos comprados por la sangre de Cristo, tenemos la capacidad de neutralizar el su aguijón. Así que, ¡declare que está dispuesto a cambiar! Vea cómo su ambiente se llena de la presencia de Dios. Este es el año para romper viejos ciclos. Pida al Señor que le dé poder para romperlos. Pídale que abra la cuerda de tres hilos de enfermedad, pobreza y religión en su vida. Reclámele que venga otra vez y lo libere de los viejos ciclos. Y que le permita experimentar su gloria. ¡Declare que lo mejor está por venir!

- **30** Vea, de Chuck D. Pierce y Rebecca Wagner Sytsema, *Possessing Your Inheritance* (Ventura, CA: Regal Books, 1999), págs. 178-182.
- **31** Dr. Martin P. Gallagher, *Dr. Gallagher's Guide to 21st. Century Medicine: How to Get Off the Illness Treadmill and on to Optimum Health* (Greensburgh, PA: Atlas Publishing Company, 1997), pág. 7.
- **32** Ibíd., pág. 2.
- **33** Correspondencia personal del Dr. R. Dee Legako, 29 de marzo de 2005.
- **34** Correspondencia personal de la enfermera Pat Legako, 29 de marzo de 2005
- **35** Peter Wagner, *The Spirit of Religion* (Ventura, CA: Regal Books, 2005), págs. 5-7.

Capítulo 7

Tengamos fe por nuestros hijos

No nos cansemos de hacer el bien, porque a su debido
tiempo cosecharemos si no nos damos por vencidos.
GÁLATAS 6:9

Hay pocas cosas en la vida que hagan temblar nuestra fe y nuestro mundo más que las circunstancias difíciles que puedan vivir nuestros hijos. Ya sea que estas sean causadas por enfermedad, rechazo, malas decisiones que hayan tomado nuestros hijos o cosas similares, con frecuencia sentimos su dolor más profundamente que el nuestro propio. Anhelamos que ellos tengan éxito, prosperidad, gozo, plenitud y una profunda relación con Dios. La mayoría de los padres desean realmente que sus hijos tengan una vida más abundante que ellos mismos. ¡Y así debe ser! Los hijos son herencia del Señor. Pero ayudarlos a pasar de pequeños e indefensos recién nacidos a adultos que siguen el destino que Dios tiene para sus vidas es una de las tareas más difíciles y demandantes que enfrentaremos jamás. Se necesita mucha fe… y mucha paciencia.

Lo que los hijos representan en nuestra vida

Los hijos cumplen un deseo que hay dentro de nosotros y representan una bendición de Dios. Hayan sido formados en nuestro vientre o sean hijos "espirituales", el deseo de multiplicarnos está integrado en nuestro ADN desde el comienzo de los tiempos.

Este deseo es parte de la doble bendición relacionada con la creación y la promesa del pacto. Dios bendijo a Adán y a Eva con las siguientes palabras: *"Sean fructíferos y multiplíquense; llenen la tierra y sométanla"* (Génesis 1:28). Y bendijo a Abraham diciendo: *"Haré de ti una nación grande, y te bendeciré; haré famoso tu nombre (...) Yo le daré esta tierra a tu descendencia"* (Génesis 12:2, 7). En la cultura israelita, concebir y dar a luz hijos era algo anhelado y gran motivo de gozo.

Los hijos son bienes valiosos y tesoros que Dios ha dado a la Tierra, y deben ser protegidos. En la historia bíblica más temprana, los hijos eran tomados como garantías de deudas contraídas por sus padres (vea 2 Reyes 4:1; Nehemías 5:5; Isaías 50:1). Hoy el mercado de niños esclavos continúa en todo el mundo. Los hijos son el bien más valioso en esta Tierra; son el futuro. Por eso, una generación debe luchar por la generación que le sigue.

Los hijos también son fundamento para la restauración. La palabra hebrea que significa "hijo", *ben*, y la que significa "hija", *bath*, provienen de la raíz *baanah*, que significa "construir".

Zacarías 1:16-17 dice: *"Por lo tanto, así dice el Señor: Volveré a compadecerme de Jerusalén. Allí se reconstruirá mi templo, y se extenderá el cordel de medir (...) Otra vez mis ciudades rebosarán de bienes, otra vez el Señor consolará a Sión, otra vez escogerá a Jerusalén"*. El Señor dice, en esta profecía, que agregará hijos e hijas a Jerusalén, que la harán prosperar. Dice: *"Desarrollaré una generación que traerá restauración, consuelo y transformación de tus pérdidas pasadas"*. Ese es el propósito de los hijos.

¡Los hijos son como plantas!

El Salmo 128:3 dice: *"alrededor de tu mesa, tus hijos serán como vástagos de olivo"*. Algunas plantas son frágiles. Algunas son silvestres. Algunas no crecen, hagamos lo que hagamos por ellas. Otras crecen y florecen con muy pocos cuidados. Yo creo que los hijos son como plantas.

Rebecca, coautora de este libro, y su esposo, tuvieron grandes desafíos para criar al mayor de sus tres hijos varones, Nicholas, que es autista. Rebecca asistió recientemente a una conferencia sobre autismo en la que la oradora pintó una bella imagen con sus palabras. Esta mujer dijo que, un año, plantó una planta de fresas silvestres en su jardín. Dado que no sabía mucho sobre las fresas, le sorprendió ver que la plantita no solo sobrevivió al invierno, sino se desarrolló y comenzó a expandirse. En los siguientes años, creció con muy pocos cuidados y continuó expandiéndose, ¡hasta que llegó a cubrir todo el jardín!

Pero no sucedió lo mismo con sus orquídeas. Esta frágil y delicada plantita necesitaba muchos más cuidados. Requería la cantidad adecuada de agua y luz, y un nivel perfecto de temperatura y humedad. El alimento debía ser muy especial.

Había que ponerle una guía para que creciera, y era necesario controlarla continuamente para asegurarse de que no hubiera que cambiar algo aquí o allá para que creciera bien. A diferencia de la fresa, que florecía sin supervisión, la orquídea necesitaba constante atención para estimular su crecimiento.

Pero, finalmente, floreció y recompensó todo el arduo trabajo invertido en ella con un pimpollo colorido y precioso como ningún otro que ella hubiera visto; algo de lo que realmente podía estar orgullosa.

Las plantas de fresas son como muchos hijos "fáciles" que, aparentemente, crecen, se desarrollan y florecen casi sin supervisión. Pero la orquídea representa a los niños que tienen una manera de ser que no esperábamos cuando nos convertimos en padres. Las "orquídeas" requieren mucho más trabajo, como Nicholas, el hijo de los Sytsema. Si no se daban las condiciones exactas de alimentación, terapia, cuidado y estímulo constantes —además de una permanente guerra espiritual—, Nicholas no florecía. No aprendía. No salía de ese oscuro, solitario y confuso mundo del autismo. Con esta clase de niños, nada es simple ni se lo puede tomar a la ligera.

La importancia de la paciencia

Sea que nuestros hijos sean adultos o ni siquiera se hayan concebido aún, cada uno de los principios que presenta este libro son una parte importante para alcanzar fe con respecto a ellos. De la misma manera que aplicamos los principios del cumplimiento profético, hacemos guerra por la palabra profética y lidiamos con las esperanzas postergadas en nuestra vida, debemos defender y aplicar estos principios a las vidas de nuestros descendientes.

Pero hay un principio que es tan importante como tener fe con respecto a ellos. Este no solo es fruto del Espíritu si no también un enorme componente de la fe. Para que nuestros hijos cumplan el destino que Dios a preparado para ellos, debemos tener paciencia.

Es cierto que esperar los tiempos de Dios no siempre es fácil, especialmente en una sociedad como la nuestra, inundada de teléfonos celulares, microondas, correo electrónico y cosas instantáneas. Estamos condicionados para ver que las cosas sucedan "ya". Queremos subir a una plataforma, gritarle algo al diablo, y que nuestros hijos cambien instantánea y milagrosamente.

> **Para que nuestros hijos cumplan el destino que Dios tiene para ellos, debemos tener paciencia.**

Algunas veces, Dios responde de esa forma. Pero, con frecuencia, el modo en que obra tiene más que ver con una palabra profética que Jack y Rebecca recibieron para su hijo, del profeta Bill Hamon: "Yo lo sanaré. Pero no será de un día para el otro. ¡Será día a día, por mi unción!". Sinceramente, no era esto lo que ellos estaban esperando.

El "día a día" es un camino largo y difícil, que nos desgasta. Es tan fácil mirar nuestras circunstancias inmediatas y decir que no vemos obrar a Dios. Ellas se presentan como insalvables y abrumadoras, y parece que nada va a sucede. Pero, si estamos en pacto con Dios a través de Jesús, y vivimos con Él como Señor nuestro, podemos estar seguros de que Dios está obrando en nuestras circunstancias para cumplir su promesa de Romanos 8:28: *"Ahora bien, sabemos que Dios dispone todas las cosas para el bien de quienes lo aman, los que han sido llamados de acuerdo con su propósito"*. Dios está ocupado preparando a las orquídeas para florecer en el momento que Él estime adecuado.

Tener paciencia día a día no significa ser pasivos día a día. Debemos avanzar activamente a medida que Dios nos lo indica. Debemos escuchar su voz, hacer guerra con la palabra profética, estar atentos a los ataques del enemigo y buscar siempre los períodos de cumplimiento profético en nuestra vida y en la de nuestros hijos. Nuestra paciencia debe ser activa, llena de fe y esperanza.

También debemos tener conciencia de que Dios está obrando algunas cosas en nosotros mientras esperamos y tenemos fe con respecto a nuestros hijos.

La paciencia —no solo para esperar los tiempos de Dios, sino también para nuestros hijos— puede producir muchos beneficios en nuestra vida. He aquí algunos "efectos secundarios" de esperar en Dios, según La Biblia:

1. **La paciencia está relacionada con la sabiduría.** *"El buen juicio hace al hombre paciente; su gloria es pasar por alto la ofensa"* (Proverbios 19:11). Las personas sabias son personas pacientes. Proverbios 14:29 dice: *"El que es paciente muestra gran discernimiento; el que es agresivo muestra mucha insensatez"*. Cuanta más paciencia permitamos al Espíritu Santo que desarrolle en nosotros, más sabiduría tendremos para vivir nuestra vida. En la sabiduría que proviene de la paciencia, encontramos las estrategias para vencer a nuestros enemigos.

2. **La paciencia nos ayuda a persuadir a quienes tienen autoridad**. *"Con paciencia se convence al gobernante"* (Proverbios 25:15). No son las presentaciones brillantes y rápidas

las que persuadirán a quienes tienen autoridad sobre nosotros. Quienes demuestran paciencia no solo saben cómo esperar el momento justo, sino también dejan una impresión duradera de buen carácter y confiabilidad…, una combinación muy persuasiva. El favor de Dios descansa sobre quienes esperan sus tiempos. Como José, aquellos que hacen guerra con paciencia se levantarán un día y saldrán de la cárcel para disfrutar del favor de "reyes y gobernantes".

3. **La paciencia es necesaria para poseer la herencia.** *"No sean perezosos; más bien, imiten a quienes por su fe y paciencia heredan las promesas"* (Hebreos 6:12). Como con cualquier herencia, hay un momento justo para poseerla. Si tratamos de tenerla antes del momento adecuado, corremos el riesgo de ser desheredados. Dios nos ha dado promesas para nuestro futuro y para nuestros hijos, pero, si no esperamos sus tiempos, podemos perder el fruto de esas promesas. Hebreos 10:36 lo expresa con estas palabras: *"Ustedes necesitan perseverar para que, después de haber cumplido la voluntad de Dios, reciban lo que él ha prometido".*

4. **La paciencia es un componente del amor.** *"El amor es paciente, es bondadoso"* (1 Corintios 13:4). Esta es una lección que, como padres, comprendemos mejor que nadie. La mayoría de nosotros, aparentemente, tenemos una paciencia sobrenatural con nuestros hijos (¡aunque muchas veces la ponen a prueba!). Pero, con todo lo que se demanda de nosotros, es fácil perder de vista el hecho de que también necesitamos paciencia en otras importantes relaciones de nuestra vida, como con nuestro cónyuge, el resto de nuestra familia y los mejores amigos. Son personas con las que Dios nos ha relacionado y que lucharán con nosotros por nuestros hijos.

5. **La paciencia produce resistencia.** *"Y ser fortalecidos en todo sentido con su glorioso poder. Así perseverarán con paciencia en toda situación…"* (Colosenses 1:11). Los

maratonistas no comienzan su entrenamiento corriendo maratones. Es necesario entrenar pacientemente para obtener la resistencia necesaria para correr esa carrera. Lo mismo sucede con nosotros. A medida que permitimos que Dios nos haga atravesar el entrenamiento de la vida, la paciencia que desarrollamos no solo nos da la resistencia para correr hasta el final, sino para terminarla bien. *"Pero los que confían en el SEÑOR renovarán sus fuerzas; volarán como las águilas: correrán y no se fatigarán, caminarán y no se cansarán"* (Isaías 40:31).

6. **La paciencia eleva el nivel de los otros frutos del Espíritu**. *"En cambio, el fruto del Espíritu es amor, alegría, paz, paciencia, amabilidad, bondad, fidelidad, humildad y dominio propio. No hay ley que condene estas cosas"* (Gálatas 5:22-23). Aparentemente, es una ley espiritual que los frutos del Espíritu esten interconectados. Cuanto más tenemos de uno, tenemos más de los otros. Cuando tenemos más amor, tenemos más fidelidad; cuando tenemos más gozo, tenemos más paz, etc. A medida que permitimos que el Espíritu Santo desarrolle paciencia en nosotros, vemos que el nivel de amor, gozo, paz, amabilidad, bondad, fidelidad, humildad y dominio propio aumenta. El fruto del Espíritu en nuestra vida no solo produce esos beneficios para nosotros, sino también deshace las obras del enemigo.

7. **La paciencia produce carácter y esperanza**. *"Y no sólo en esto, sino también en nuestros sufrimientos, porque sabemos que el sufrimiento produce perseverancia; la perseverancia, entereza de carácter; la entereza de carácter, esperanza. Y esta esperanza no nos defrauda, porque Dios ha derramado su amor en nuestro corazón por el Espíritu Santo que nos ha dado"* (Romanos 5:3-5). La paciencia es, realmente, una virtud, y quienes la tienen, suelen, también, tener un carácter maduro. Pero este pasaje de Romanos indica que

quienes tienen paciencia también tienen esperanza. ¿Por qué? Porque quienes esperan pacientemente en el Señor lo han visto actuar y saben que volverá a hacerlo. Su esperanza está en el Señor porque, a través de la paciencia, han visto la profundidad de su gracia, misericordia y poder para vencer cualquier obstáculo de la vida. ¡Y saben que volverá a hacerlo!

Sea lo que fuere que nuestros hijos enfrenten en su vida, tener fe en relación con ellos nos impulsará a nosotros también a un nuevo nivel de fe. Será una prueba para toda nuestra vida, pero debemos recordar que lo mejor está por venir. Que Dios le dé paciencia en cada circunstancia para ver cómo florecen sus orquídeas.

Dios interviene en nuestro cansancio

Pam y yo tenemos seis hijos maravillosos que hemos podido criar aquí en la Tierra. Antes escribí sobre los gemelos que perdimos cuando aún eran recién nacidos, y cómo tuvimos que dejarlos ir y confiarlos en las manos del Señor. Creo que eso es lo que todos tenemos que hacer con cada uno de nuestros hijos.

Al tener seis hijos propios, Pam y yo nos hemos convertido en expertos en criar nuestra propia variedad de "orquídeas". Podría escribir un libro solo con anécdotas de mis hijos. Cada uno es único, extraordinario y peculiar al mismo tiempo. Dos de nuestros hijos, Daniel y Joseph, nos llegaron por una intervención sobrenatural del Señor a través de la adopción. Recibimos a Daniel antes que Pam pudiera concebir hijos. Nos llegó cuando era recién nacido, por conexiones que teníamos en el ministerio. Su madre biológica era una cristiana que se había apartado y quedado encinta, sabiendo que no podría cuidar de él. Nosotros estábamos deseando un hijo, y Dios tenía a Daniel para nosotros. Él es un gozo para mí y para su madre en todo sentido.

La otra intervención sobrenatural de Dios en nuestra vida fue Joseph, que nos llegó a la edad de 13 años, cuando trabajábamos como administradores de un instituto en Texas para niños provenientes de hogares disfuncionales. (En realidad, nos llegó con el nombre de "Billy", como uno de los hombres con quien se había relacionado su madre biológica, pero descubrimos que su nombre verdadero era Joseph). Joseph no conocía a su padre biológico, y su madre estaba en la cárcel. Era un niño de la calle en Houston, que había estado en muchos hogares sustitutos y hogares infantiles. Como sucede con muchos niños que provienen de estructuras de autoridad disfuncional en su hogar, Joseph conocía el "sistema" para mentir y manipular con el fin de obtener el favor de la gente. Pero no conocía al Señor. Había sido obligado a ser religioso y seguir ciertas normas, pero Dios no era una realidad en su vida.

Nuestro rol fue llevarlo al Señor y establecerlo firmemente en el camino que Dios había destinado para él cuando lo creó en el vientre. Sabíamos que habría que trabajar en el proceso para redefinir su identidad y convertirlo en el Joseph que Dios quería que fuera. Fue toda una prueba para nosotros. No solo estábamos desarrollando su carácter, sino deshaciendo y desatando muchas de las formas de pensar extrañas a Dios que poseía para sobrevivir. Satanás había capturado su destino a edad temprana y trataba de mantenerlo en un camino de destrucción.

Pero Dios... La promesa que Dios me dio para Joseph fue que sería un estudiante de excelentes calificaciones. ¡Oh, oh! Esa no era la realidad en ese momento ni el deseo de su corazón. Comenzamos a librar batalla tras batalla. Joseph obtuvo las calificaciones suficientes como para continuar en el programa de deportes que tanto le gustaba. Pero las terribles fortalezas causadas por los abusos sufridos en el pasado permanecían en pie, y había guerra constante por este asunto. Dado que Joseph conocía el "sistema", debimos elevar nuestro nivel de discernimiento para distinguir la verdad de la mentira en lo que nos decía.

Me encantaría decir que ganamos fácilmente la guerra, pero no sería cierto. Un día, después de conversar con uno de sus maestros en la escuela, llegué a casa sintiendo que se había colmado el nivel de mi paciencia. Estaba dispuesto a dejar que Joseph siguiera el camino que parecía desear. Cuando entré en casa, Pam se acercó desde la ventana de la cocina y me dijo: "El Señor me habló y me dijo que va a llenar a Joseph con el Espíritu Santo". El cansancio y el descreimiento me ganaron en ese momento, y respondí: "Perfecto. ¡Eso significa que tendremos que soportar esta guerra quién sabe cuánto tiempo más!". Pam me contestó: "Bueno, puedes aceptar lo que Dios dice o aceptar lo que ves". Decidí someterme y confiar en la palabra que el Señor le había dado a mi esposa.

Cuando lo hice, ocurrieron dos cosas. Primero, comencé a darme cuenta de que Pam tenía un nivel de fe que yo no poseía, a causa de su amor de madre por el hijo que le había sido dado. El amor y la fe obraban juntos para producir el cumplimiento profético. Segundo, comencé a ver cómo el enemigo usaba el cansancio, la confusión, la frustración y las circunstancias para que yo olvidara la palabra de promesa y el plan celestial. Recordemos que lo único que el Señor me había dicho a mí sobre Joseph era que sería un estudiante de excelentes calificaciones.

Quisiera poder decir que las cosas cambiaron en un abrir y cerrar de ojos, pero no fue así. Después de terminar la escuela secundaria, Joseph fue a una universidad privada en el este de Texas, y luego a otra en el norte de Texas, durante dos años. Pero seguía siendo un estudiante mediocre y lleno de problemas. Decidió entrar en la Fuerza Aérea; Pam y yo aceptamos trabajos en Nuevo México y Colorado Springs. Joseph se casó poco después, pero su vida continuaba con altibajos. Yo seguía preguntándome en lo más profundo de mi ser si realmente cambiaría alguna vez. Pero Pam continuaba actuando en fe, creyendo las promesas de Dios.

Cuando Joseph tenía 32 años, Pam y yo volvimos a Denton. Para este entonces, él tenía cuatro hijos y asistía a la Universidad del Norte de Texas, mientras trabajaba medio tiempo. Un año, cuando él y su familia vinieron a visitarnos para Navidad, me dijo que tenían poco dinero, porque solo podía trabajar medio tiempo a causa de sus estudios. Pero tenía un regalo especial para mí: su boletín de calificaciones finales de la Universidad. ¡Alcanzó las mejores calificaciones en todo! Ahora figuraba en la lista de los mejores alumnos y finalizó sus estudios, tal como el Señor me había prometido al comienzo. ¡Había terminado bien! Le demostró al enemigo, a sí mismo y a mí también que lo que Dios había dicho sobre él se había cumplido. Ahora, Joseph y su esposa sirven en el ministerio pastoral. El Señor también cumplió la palabra que le dio a mi esposa. ¡Aprendí tanto al ver florecer a esta orquídea!

¡No se canse!

No se canse de tener fe en su herencia. Considere a sus hijos como inversiones. Véalos como tesoros que se le han encomendado para que proteja y guarde de las manos del enemigo. Vea a sus hijos como instrumentos de entrenamiento puestos por Dios en su vida para incrementar su fe. Sean fáciles o difíciles, vale la pena hacer guerra por ellos. Recuerde: ¡lo mejor está por venir!

Capítulo 8

Evitemos las distracciones

C uando miramos el camino que tenemos por delante y nos preparamos para el cumplimiento profético, debemos estar listos y dispuestos adecuadamente para los días que nos esperan. No debemos permitir que las circunstancias nos distraigan y nos hagan pasar por alto el plan del Señor para la restauración y el cumplimiento profético. Dios tiene un plan redentor para nosotros y está obrando en todas las cosas para nuestro bien.

Pero, mientras recorremos este camino, las distracciones, con frecuencia, nos abruman. En el capítulo anterior, hablamos de que los hijos, a veces, pueden ser una distracción. Pero debemos recordar que ellos son una bendición del Señor. Los hijos no nos son dados para distraernos, confundirnos ni abrumarnos, sino para desarrollarnos, hacernos madurar y avanzar al futuro. Uno de mis versículos preferidos es Hageo 2:9: *"El esplendor de esta segunda casa será mayor que el de la primera"*. Debemos recordar siempre que el plan de Dios es que nuestro testimonio sea más fuerte al final del viaje que lo que era al principio.

No se distraiga

Me encanta la historia de la visita de Jesús a la casa de Marta y María. (Léala en Lucas 10:38-42). Cuando Jesús llegó y fue recibido en la casa, María se sentó a sus pies y escuchó su palabra. Se concentró en el propósito superior para ese momento. Marta, por el contrario, *se sentía abrumada porque tenía mucho que hacer"* (Lucas 10:40). La palabra "abrumada", en griego, es *perispao*, que significa estar abrumada, arrastrarse de un lado a otro.

Marta llegó a acercarse al Señor para decirle: *"Señor, ¿no te importa que mi hermana me haya dejado sirviendo sola? ¡Dile que me ayude!"* (v. 40). En otras palabras, le estaba diciendo: "¡Haz que mi hermana venga y dé vueltas arrastrándose, como yo!". Pero... *"—Marta, Marta —le contestó Jesús—, estás inquieta y preocupada por muchas cosas, pero sólo una es necesaria. María ha escogido la mejor, y nadie se la quitará"* (vv. 41-42).

Este es un momento de la historia en que los acontecimientos que ocurren a nuestro alrededor pueden distraernos del propósito supremo de Dios. Tenemos que lidiar con tantas cosas en nuestra vida diaria, con las preocupaciones del mundo, que es fácil que nos sintamos "inquietos y preocupados por muchas cosas". En griego, la palabra "inquieta" es *merimnao*, que significa "dividir en partes". Esta palabra también sugiere una distracción o preocupación por las cosas que causa ansiedad, estrés y presión. Significa apartarse de la meta fijada que somos llamados a cumplir. En Mateo 6:25-30, Jesús afirma:

"Por eso les digo: No se preocupen por su vida, qué comerán o beberán; ni por su cuerpo, cómo se vestirán. ¿No tiene la vida más valor que la comida, y el cuerpo más que la ropa? Fíjense en las aves del cielo: no siembran ni cosechan ni almacenan en graneros; sin embargo, el Padre celestial las alimenta. ¿No valen ustedes mucho más que ellas? (...) "¿Y por qué se preocupan por la ropa? Observen cómo crecen los lirios del campo. No trabajan ni hilan; sin embargo, les digo que ni siquiera Salomón, con todo su esplendor, se vestía como uno de ellos. Si así viste Dios a la hierba que hoy está en el campo y mañana es arrojada al horno, ¿no hará mucho más por ustedes, gente de poca fe?".

Las distracciones y las preocupaciones nos fragmentan. Marta estaba orgullosa de su casa y feliz de que el Señor la visitara, pero se le escapó el propósito de su visita. Jesús no estaba allí para hacerles una visita social. Estaba allí para dar su palabra a la ciudad de Betania. María, al prestarle toda su atención, pudo percibir lo mejor que estaba por venir en su vida. La distracción de Marta la puso en peligro de perderse lo mejor que Dios tenía para ella. Se distrajo y se preocupó, en lugar de aprovechar la oportunidad para recibir la revelación que necesitaba para su futuro. Debemos trabajar cuando Dios nos diga que trabajemos, pero debemos buscar intimidad cuando tenemos oportunidad de alcanzarla. Sea lo que fuera que hagamos, tenemos que estar concentrados y evitar las distracciones.

¡Lázaro, ven fuera!

Sigamos la historia de la relación de Marta y María con Jesús. En Juan 11, ellas enfrentan una terrible crisis cuando su hermano Lázaro enferma. Han visto el poder de Jesús anteriormente, por lo que le piden que vaya a ver a Lázaro, diciendo: *"Señor, tu amigo querido está enfermo"* (v. 3). Jesús les envía su respuesta: *"Esta enfermedad no terminará en muerte, sino que es para la gloria de Dios"* (v. 4).

Esta historia que se relata en Juan 11 es maravillosa. Me encanta el versículo 5: *"Jesús amaba a Marta, a su hermana y a Lázaro"*. Pero, *"a pesar de eso, cuando oyó que Lázaro estaba enfermo, se quedó dos días más donde se encontraba"* (v. 6). Muchas veces, cuando estamos atravesando circunstancias terribles, olvidamos que el Señor nos ama. Otras veces, cuando le pedimos que cumpla un deseo de nuestro corazón, y Él nos indica que esperemos, perdemos de vista su fidelidad. De esta historia de Lázaro, podemos aprender varias cosas:

Jesús no podía ser forzado a actuar fuera de los tiempos de Dios. Jesús buscaba los momentos oportunos, claves, para reflejar la gloria del Dios del cielo. Aunque amaba a Lázaro, a María y a

Marta, no dejó inmediatamente el lugar donde estaba para visitar a su amigo enfermo. Por el contrario, esperó dos días más.

En esa época, se creía que el alma del muerto sobrevolaba el cadáver durante tres días y luego retornaba a Dios. La demora de Jesús significó que Lázaro estuvo en la tumba cuatro días. Según la creencia de la época, esto significaba que Lázaro estaba irremediablemente muerto, y que su alma ya había partido. De hecho, este es el único caso que se relata en La Biblia de una resurrección después de pasados tres días de la muerte.

Este acontecimiento revela la capacidad de Jesús para controlar sus emociones. Ni sus amigos, ni sus conocidos más cercanos pudieron forzarlo para que se saliera de los planes del Padre. Él no se sentía obligado a actuar por la presión de fuerzas externas. Este es un principio clave para que recordemos en los próximos días. Debemos controlar nuestras emociones para mantenernos en los perfectos tiempos de Dios y asegurarnos de estar en el lugar justo, en el momento justo.

Jesús eligió el lugar preciso para enfrentar al hombre fuerte de la incredulidad. En Juan 11:7, Jesús dijo a sus discípulos que había llegado el momento de visitar a Lázaro en la casa de Marta y María, en Betania. Esta ciudad era la puerta de entrada a Judea, una fortaleza de religión e incredulidad. Debemos buscar esas puertas claves en las regiones donde vivimos. La incredulidad es una fuerza que se nos opone de tal manera que nos impedirá ver lo que Dios tiene para nosotros en los días por venir. Pero fue precisamente en ese entorno que Jesús realizó este tremendo milagro de resucitar a Lázaro de los muertos.

Jesús reveló la progresión de fe necesaria para vencer. Jesús siguió trabajando con Marta, María y sus discípulos, para mostrarles su carácter. Los alentó a creer: *"Si crees...* –Jesús siempre decía– *verás la gloria de Dios"* (Vea Juan 11:15, 26, 40). Si queremos vencer lo que nos espera, nuestro nivel de fe debe crecer a una nueva dimensión en el Cuerpo de Cristo. La resurrección, la vida y la fe tienen una relación proporcionada, que es necesaria que entendamos para poder vencer lo que nos espera en el futuro.

Jesús convirtió la desesperanza en poder de resurrección. Marta y María habían perdido todas las esperanzas de volver a ver a su hermano. Pero Jesús no dejó de romper el poder de la desesperanza y de alentarlas en fe. ¡Debemos ser liberados de la esperanza postergada ahora mismo!

Resucitar significa poner a la vista, llamar la atención, levantar de los muertos, hacer vivir otra vez. ¿Por qué Juan dedicó tanto tiempo a este milagro en particular? ¿La resurrección era lo más importante? ¿Qué relación existía entre esta demostración de poder en particular y los acontecimientos que estaban por ocurrir? Jesús dijo que la enfermedad de Lázaro no era para muerte, sino para la gloria de Dios. Este fue el acontecimiento culminante de la vida de Jesús que lo llevó, finalmente, a su propia muerte y a vencer a los poderes de las tinieblas que tenían atrapada a la humanidad. Jesús venció, resucitó y, al hacerlo, derrotó la desesperanza en nuestra vida.

La demostración de poder de Jesús produjo relaciones y divisiones. La demostración de poder de Jesús al resucitar a Lázaro de los muertos hizo que las personas debieran elegir entre ayudar a planear su muerte o gritar "hosanna" y saludarlo como Rey. El Cuerpo de Cristo se reordenará como consecuencia de la demostración del poder de Dios. Pero no espere que todos reciban ese poder en los días por venir. El poder de Dios es vida para muchos, pero muerte para otros.

El grito de Jesús: "¡Sal fuera!" creó una recuperación. Cuando Jesús gritó: *"¡Sal fuera!"*, Lázaro fue devuelto a la vida. (Vea Juan 11:43). Este es un tiempo de recuperación en el Cuerpo de Cristo. Escuche que el Señor le grita: *"¡Sal fuera!"*. Esto significa 'escapar, abrirse paso, producir, poner fin, guiar hacia fuera, salir de una situación de condenación'. ¡Sal fuera! Que este grito del Señor se levante en su medio para declarar la recuperación de lo que ha perdido en este tiempo pasado. A continuación, le doy una lista de áreas en las que puede proclamar esta recuperación sobrenatural en su vida, junto con pasajes bíblicos para declarar victoria en ellas:

- Recupere relaciones rotas y perdidas. Génesis 45.
- Recupere su llamado profético. Salmo 105:19.
- Recupere promesas postergadas. 2 Corintios 1:20.
- Recupere el espíritu y el don de la fe. Romanos 1:17; Salmo 23:3.
- Recupere el milagro de la sanidad. Jeremías 30:17.
- Recupere su estabilidad espiritual. Malaquías 3:10; Salmo 129:8.
- Recupere su estabilidad económica. 1 Samuel 7:11-14; 2 Crónicas 20:6.
- Recupere el gozo. Nehemías 8:10.
- Recupere los años perdidos. Joel 2:25.
- Recupere las ovejas perdidas, robadas de sus pastos. 1 Samuel 17:34-37; 30:20.
- Recupere las bendiciones de Dios. Proverbios 3:32; Deuteronomio 28:1-4.
- Recupere todo. 1 Samuel 30:8.

Dios puede

Una mañana, desperté con las siguientes palabras fluyendo de mi espíritu: "¡Dios puede!". Parecía que el Espíritu Santo me impulsaba a orar por el pueblo de Dios. En mis oraciones, yo debía declarar la capacidad del Señor para que cada uno de nosotros logre la victoria. Vi que, como pueblo de Dios, estábamos escuchando al Señor, pero eso no producía la fe necesaria para vencer. Le pregunté a Él cuál era el problema, y me dijo lo siguiente: "Mi pueblo debe pasar de la fe en una situación, a la fe en la otra. El paso les cuesta. Tienen una fe débil. Permiten que las circunstancias desvíen sus expectativas y las esperanzas de que yo haga cosas en el futuro que tendrán consecuencias favorables en sus vidas. Estas circunstancias les impiden llegar a mi poder creativo. Este nuevo vigor y esta nueva fortaleza que puedo darles los catapultará a la próxima dimensión. Yo puedo hacerlo. No confíen en su propia capacidad, porque yo puedo darles capacidad a ustedes".

La fe debe crecer y ser firme. La fe debe ser permanente y continua. La fe debe producir obras en el reino de Dios. Nos hemos dejado ganar por la ansiedad de las preocupaciones de este mundo. Hemos caído en el temor al fracaso, el temor al peligro, el temor al abandono y el temor al futuro. Nos hemos olvidado de la capacidad de Dios para bendecirnos.

> **Reciba la superabundante gracia de Dios para que todo obstáculo que haya en su camino y que le impida llegar "allí" sea vencido y que el ciclo de su vida se cumpla.**

¡Dios puede hacernos soportar hasta que lleguemos "allí"! Cuando resistimos, es como si sanáramos un pie roto para poder seguir caminando, continuar viaje y poseer la promesa que Dios tiene para nosotros. Declaro que cualquier cosa que haya hecho que sus "pies" rompan la paz de su andar espiritual será compuesta y que usted continuará su camino hacia el cumplimiento profético. *"Y Dios puede hacer que toda gracia abunde para ustedes, de manera que siempre, en toda circunstancia, tengan todo lo necesario, y toda buena obra abunde en ustedes"* (2 Corintios 9:8). Reciba la superabundante gracia de Dios para que todo obstáculo que haya en su camino y que le impida llegar "allí" sea vencido, y que el ciclo de su vida se cumpla.

¡Tiempo de guerra!

La guerra se produce cuando entramos en conflicto con nuestro enemigo. Guerra es recibir la gracia para luchar. Hacemos guerra con nuestra palabra profética. Ganamos la guerra cuando utilizamos hábilmente esa palabra profética que recibimos del Señor para analizar los planes del enemigo. Pero cuando leemos en Eclesiastés 3:1-8 que hay un "tiempo de guerra", no creo que a ninguno de nosotros lo entusiasme demasiado la idea.

En su libro, *The Way of a Warrior* ("El camino de un guerrero"), Harry Jackson afirma:

> La guerra espiritual, como la material, se libra con metas estratégicas en diversos frentes. Controlar los cielos, por ejemplo, es algo vital para la guerra moderna. Cuando, como cristianos, pensamos en el control aéreo, podemos equiparar este aspecto fundamental de la guerra con el poder de la oración. Aunque Satanás es el príncipe de la potestad del aire (Efesios 2:2), podemos vencer sus fuerzas orando específica y persistentemente. Nuestras estrategias en tierra, por otra parte, deben incluir ocupar o transformar puestos claves en la política y las leyes, además de posicionarnos en las artes, el entretenimiento, la moda, los deportes, la educación, los negocios y la iglesia organizada (...) El campo de batalla de la iglesia debe centrarse en levantar líderes que no puedan ser tentados a hacer mal uso de su autoridad.[36]

Comprender los tiempos y obtener estrategias son claves para ganar la guerra espiritual que nos rodea. La batalla en los cielos y en la Tierra continuará intensificándose a medida que se acerca la venida del Señor. Aunque esta no es, de por sí, contra carne y sangre, se manifiesta en carne y en sangre. La guerra espiritual se manifiesta en la Tierra, en quienes se oponen al plan de pacto de Dios. El espíritu del anticristo se opone al Espíritu Santo en quienes caminan sobre este planeta. Pero la palabra del Señor es que lo mejor está por venir.

Siete años de guerra

Siempre trato de seguir el calendario hebreo, porque así fue como se reveló la Palabra de Dios. En septiembre de 2001, entramos en el año hebreo 5762. Por supuesto, la mayoría de nosotros recordamos el comienzo de ese año por lo que sucedió con las torres gemelas del *World Trade Center* en la ciudad de Nueva York. Pero lo que significaba ese año era que estábamos entrando en "siete años de guerra". Rebecca y yo escribimos *The Future War of the Church* (*La guerra futura de la iglesia*) antes de septiembre de 2001 para ayudar al Cuerpo de Cristo a pasar a una mentalidad de batalla.[37] Este libro es muy útil aún hoy. Gran parte de lo que escribimos para prepararnos para la guerra es ahora realidad en nuestra vida diaria.

En octubre del 2000, yo estaba en una reunión estatal en Oklahoma y escuché que el Señor decía lo siguiente: "Tengo llaves en mi mano. Revisaré la autoridad de ciudad en ciudad, de estado en estado, de región en región (...) En estos próximos dieciocho meses, se desatará una guerra. Será una guerra espiritual de gran magnitud, por los límites para el futuro, porque el enemigo ha corrido los límites".

En esa misma reunión, el Señor dijo también:

Estoy fijando el curso del juicio sobre los estados de esta tierra. Juzgaré a los estados de esta tierra, y el juicio será evidente para febrero de 2002. El juicio vendrá, basado en la complacencia de la iglesia, de estado en estado. Porque ustedes pensaron que el juicio se basaría en el gobierno civil que hay en cada estado, pero yo les digo que el juicio vendrá a causa de la complacencia de mi pueblo (...).
Ahora es importante cómo motivan a quienes los rodean para que respondan a mí. Porque determinaré quiénes sufrirán sequía y quiénes sufrirán un desastre natural, basándome en la respuesta que me dé mí pueblo ahora. Les digo también que *juzgaré de estado en estado según la respuesta*

que vea en cuanto a mi Espíritu morando en esta tierra (...) Porque digo que es mi Espíritu la fuerza que contiene en esta tierra, y según como mi Espíritu sea recibido en un territorio, determinará si permitiré que las fuerzas demoníacas se levanten y cómo comenzaré a destronar a las fuerzas demoníacas (...) Así que les digo, no sean un pueblo que actúa basado en falsos juicios, porque mi juicio se basará solamente en la complacencia, y mi juicio será solo según la recepción que den a mi Espíritu en sus territorios (...) Este será un tiempo para determinar la autoridad en las puertas de sus ciudades y estados. El gobierno de esas puertas está siendo determinado ahora (...) Hay una guerra por la justicia de esta tierra. Yo estableceré justicia en medio de mi pueblo; por lo tanto, habrá guerra por leyes que han sido establecidas equivocadamente (...) Sepan que están guerreando contra el sistema del anticristo. Por tanto, no teman a esta guerra sobrenatural a la que llamo a mi pueblo a participar. Organícense adecuadamente para la lucha.

Supe que habíamos entrado en un tiempo *kairos* (oportuno) que era clave. Esta palabra generó en mí la carga por nuestra nación para este tiempo en particular.

En *God's Timing for Your Life* (*El tiempo de Dios para tu vida*), Dutch Sheets escribe:

En el estanque de Betesda, Jesús se acercó al hombre que había estado paralizado durante treinta y seis años y le hizo una pregunta que sonaba extraña: *"¿Quieres quedar sano?"* (Juan 5:6). La respuesta del hombre revela que, aunque estaba esperando junto al estanque, en realidad no tenía esperanzas de ser sanado. Estaba en un momento *kairos*, cerca del cumplimiento, pero la desesperanza se había adueñado de él. Jesús le preguntó esto para que se diera cuenta de que, aunque estaba esperando la remoción milagrosa de las aguas, había perdido toda esperanza de ser efectivamente sanado. A solo segundos de experimentar lo nuevo, a solo un apretón de manos de la restauración total, el hombre estaba demasiado desilusionado como para reconocerlo. En algún punto del camino, mientras atravesaba el proceso temporal, perdió las expectativas. No había nada en él que pudiera responder con esperanza a la pregunta de Jesús. Cuando Dios trae un cambio, debemos estar listos para cambiar con Él. Si no tenemos cuidado, no creeremos que puede llevarnos del tiempo *cronos*, por medio de los períodos *kairos* a la plenitud del cumplimiento.[38]

En enero de 2001, escuché al Señor decir: "Habrá una restauración del manto de guerra del Cuerpo de Cristo". Entonces, el Señor me reveló que, para el 18 de septiembre de ese año, estaríamos en guerra, en los Estados Unidos. Esta afirmación produjo bastante controversia. Como estadounidenses, no podíamos hacernos a la idea de que la guerra llegara a nuestro país, porque vivíamos en paz y prosperidad. Pero luego se comprobó que era una verdad que Dios estaba comunicando del cielo a la Tierra para preparar a su pueblo para el futuro.

- 36 Harry R. Jackson, *The Way of a Warrior: How to Fulfill Life's Most Difficult Assignments* (Grand Rapids, MI: Chosen Books, 2005), págs. 21-22.
- 37 Chuck Pierce y Rebecca Sytsema, *The Future War of the Church* (Ventura, CA: Regal Books, 2001).
- 38 Dutch Sheets, *God's Timing for Your Life* (Ventura, CA: Regal Books, 2001), pág. 33.

Capítulo 9

Listos para lo mejor que está por venir:

Un llamado a avanzar

El 11 de septiembre de 2001 fue un día definitorio para el mundo. Todos contemplamos, horrorizados, cómo se desmoronaban las torres gemelas del *World Trade Center* como consecuencia de ataques terroristas sobre Estados Unidos. Al mismo tiempo, el Pentágono, símbolo de nuestro poder militar, sufrió graves daños causados por extremistas.

¿Cómo respondemos ante una experiencia semejante? ¿Permitimos que el Espíritu de Dios nos lleve a una oración intercesora que produzca cambios y determine si nos volvemos a Dios o nos apartamos de Él? ¿O permitimos que el temor y el dolor por esta pérdida nos provoquen amargura, ira, venganza, y aun mayores dificultades y corrupción? (Vea Hebreos 12:15). ¿Clamamos por misericordia aferrándonos a la bondad de Dios como nunca antes, o reaccionamos como la esposa de Job ante su dolor, y simplemente decimos: *"¡Maldice a Dios y muérete!"* (Job 2:9)?

¿Juicio?

¿Fue esto un juicio sobre los Estados Unidos? En un mensaje de correo electrónico enviado poco después de los ataques, Dutch Sheets escribió:

Deberíamos tener mucho cuidado al utilizar la palabra "juicio" para *definir* estos acontecimientos. Muchos cristianos entienden que ya hace un tiempo que los EE.UU.

atraviesan, en cierto grado, un juicio; el pecado tiene su precio. (Vea Romanos 6:23). Pero la mayoría de los juicios bíblicos son inevitables consecuencias lógicas del pecado, no obra directa de la mano de Dios. Él no pronunció maldición contra Adán y Eva después de su caída porque es un Dios airado al que le encanta echar maldiciones. Lo hizo por las consecuencias inherentes en sus acciones. Y lo hizo mientras cubría su desnudez y les prometía redención, una redención que implicaba un enorme sacrificio de amor de su parte: la encarnación y la muerte de su Hijo. (Vea Génesis 3:15). Además, más que acción directa de la mano de Dios, los juicios son, con frecuencia, simplemente el resultado de abandonar su favor y su protección. Jonás 2:8 dice: *"Los que siguen a ídolos vanos abandonan el amor de Dios"*. Nuestra definición de estos acontecimientos debería ser una cuidadosa y compasiva explicación de lo que se cosecha, es decir, de las consecuencias del pecado y de apartarnos de Dios. Yo aconsejaría no utilizar siquiera la palabra "juicio", porque entonces, el mundo probablemente no escucharía nada más de lo que tuviéramos para decir.[39]

Rick Ridings, escribiendo desde Israel, envió la siguiente interpretación de este acontecimiento:

Creo que La Biblia muestra que tales acontecimientos no son un juicio específico sobre los individuos que estaban en ese lugar y en ese momento. Pero eso no cambia el hecho de que puede haber juicio sobre una nación y sus ídolos. Jesús dejó en claro esta enseñanza cuando dijo en Lucas 13:4-5: *"¿O piensan que aquellos dieciocho que fueron aplastados por la torre de Siloé eran más culpables que todos los demás habitantes de Jerusalén? ¡Les digo que no! Y a menos que se arrepientan, todos ustedes también perecerán"*.

Creo que el juicio viene sobre ciudades y naciones cuando

la acumulación de nuestros pecados finalmente obliga a un Dios paciente a quitar de nosotros la gracia de su mano protectora, de manera que recibamos lo que merecíamos todo ese tiempo. Este principio se ve claramente, por ejemplo, en Isaías 5:5-7: *"Voy a decirles lo que haré con mi viña: Le quitaré su cerco, y será destruida; derribaré su muro, y será pisoteada. La dejaré desolada, y no será podada ni cultivada; le crecerán espinos y cardos. Mandaré que las nubes no lluevan sobre ella. La viña del Señor Todopoderoso es el pueblo de Israel; los hombres de Judá son su huerto preferido. Él esperaba justicia, pero encontró ríos de sangre; esperaba rectitud, pero encontró gritos de angustia".*

Algo totalmente diferente de si esto fue alguna clase de juicio nacional, es la cuestión del juicio presente y el sacudimiento de los poderes demoníacos. Creo que Dios está diciendo que el juicio ha comenzado en las torres gemelas de la adoración de Mamón y de Alá. Estos dos sistemas de falsa adoración apartan a gran parte del mundo de la verdadera adoración al Dios verdadero, el Dios de Abraham, Isaac y Jacob, y su unigénito Hijo, nuestro Salvador y Señor, Jesucristo (*Yeshua ha Mashiach*).[40]

La guerra continúa con una estrategia

Una estrategia es un conjunto de planes que nos ayudan a lograr lo que se nos pide que alcancemos. El Espíritu de Dios nos dará la estrategia para la victoria en medio de la guerra. En *Releasing the Prophetic Destiny of a Nation (Liberando el destino profético de una nación)*, relato la siguiente historia:

A fines de 2002, cuando volaba hacia Washington, D.C., para participar de algunas reuniones, el Señor me dio estas palabras: "Para que esta nación cambie, necesito que visites cada estado y reúnas a mi ejército". Fue un momento de gran esfuerzo para mi vida. Yo predico y viajo por todo el mundo. Tengo una familia grande, una iglesia floreciente y soy miembro de varias juntas. Por tanto, sabía que el Señor debería confirmarme plenamente esa palabra. Él comenzó a hacer algunas cosas bastante extrañas para mostrarme que estaba trabajando para asignarme la próxima "brecha" donde deseaba que yo me ubicara. Me encontré con Dutch Sheets en Washington D.C., donde teníamos reuniones de liderazgo y ministrábamos, y él me preguntó: "¿Qué te dice el Señor?". Solo pude responderle lo que escribí anteriormente: que Él me pedía que fuera a todos los estados de nuestro país. Con una mirada extraña en su rostro, Dutch me dijo: "¡El Señor me dijo lo mismo a mí!". Por tanto, nuestras vidas iban a cambiar durante los dos años siguientes, con la promesa de que si íbamos, la nación que amábamos también iba a cambiar.[41]

Otra razón por la que creo que se materializó esto de ir de estado en estado fue la palabra que el Señor me dio en octubre de 2000, antes de la elección presidencial.

Hacía años que yo me reunía con apóstoles, profetas e intercesores en diversos estados del país. Pero ahora era tiempo de hacer guerra por nuestra nación yendo a cada estado. Esa era la estrategia de Dios.

Dios tiene un ejército profético

Los estados tienen destinos. Nuestro país fue creado soberanamente. La constitución de los Estados Unidos dice:

"Nosotros, el Pueblo de los Estados Unidos, a fin de formar una Unión más perfecta, establecer Justicia, afirmar la tranquilidad interior, proveer la Defensa común, promover el bienestar general y asegurar para nosotros mismos y para nuestros descendientes los beneficios de la Libertad, estatuimos y sancionamos esta Constitución para los Estados

Unidos de América". En la Declaración de Independencia, encontramos:

Por lo tanto, los Representantes de los Estados Unidos de América, convocados en Congreso General, apelando al Juez Supremo del mundo por la rectitud de nuestras intenciones, en nombre y por la autoridad del buen pueblo de estas Colonias, solemnemente hacemos público y declaramos: Que estas Colonias Unidas son, y deben serlo por derecho, Estados Libres e Independientes; que quedan libres de toda lealtad a la Corona Británica, y que toda vinculación política entre ellas y el Estado de la Gran Bretaña queda y debe quedar totalmente disuelta; y que, como Estados Libres o Independientes, tienen pleno poder para declarar la guerra, hacer la paz, concertar alianzas, establecer el comercio y efectuar los actos y providencias a que tienen derecho los Estados independientes. Y en apoyo de esta Declaración, con absoluta confianza en la protección de la Divina Providencia, empeñamos nuestras vidas, nuestra hacienda y nuestro sagrado honor.

En *Releasing the Prophetic Destiny of a Nation*, Dutch y yo declaramos lo siguiente en cuanto a cómo debemos ver el destino de los estados en que vivimos:

Por tanto, debemos ver el destino de nuestro estado como parte de todo lo que Dios ha planeado para nuestra nación. El mismo concepto se aplica al Cuerpo. También debemos ver el Cuerpo de Cristo en cada estado. Cuando ordenamos el Cuerpo de Cristo en nuestra nación, encontramos un pueblo peculiar, listo para hacer la voluntad de Dios desde el cielo hasta el territorio que ocupamos aquí en la Tierra. Nosotros, el cuerpo de Cristo, debemos ser la fuerza de movilización para mantener nuestra Constitución y la Declaración de la Independencia. Siempre que un estado se desvía del plan de Dios y de su soberano orden en esta nación, el Cuerpo de Cristo debe levantarse allí y decir: "Regresemos y seamos restaurados en el Señor".[42]

Dutch y yo sabíamos que las reuniones de la gira por los cincuenta estados serían una clave para que nuestra nación restaurara su coraza de justicia. La meta principal de las reuniones en los estados era ordenar adecuadamente al cuerpo de Cristo y declarar el plan redentor del Señor para cada estado. Esto iba a movilizar la fe del Cuerpo de Cristo en cada territorio y hacer que quienes lo integran se definan a favor de su país. En *Releasing the Prophetic Destiny of a Nation*, Dutch y yo escribimos lo siguiente con respecto a este proceso:

> Una clave para la transformación de nuestro país es que se establezca en cada estado el orden de Dios. Cuando los intercesores estratégicos se encolumnan tras los líderes apostólicos, comienza el avance. Los intercesores llevan la carga de Dios, los profetas hacen declaraciones clave, y los apóstoles ponen en movimiento los decretos. En otras palabras, los intercesores mantienen abiertos los cielos, los profetas comienzan a expresar lo que Dios tiene en su corazón, haciendo declaraciones clave en el entorno, y los líderes apostólicos toman esa revelación o modelo del cielo, y le dan una forma establecida en el ambiente terrenal.
>
> Después de conectarnos con los líderes apostólicos en un territorio, muchas veces, comenzábamos a tratar algún asunto que había detenido el plan de Dios. Declarábamos restauración. Con frecuencia, a esto le seguía la reconciliación. Entonces, Dios liberaba sus propósitos. También obedecíamos la palabra de Dios y orábamos por las autoridades de la nación (...) Entonces, la reunión tocaba a todo el mundo de forma sobrenatural.[43]

Las reuniones de la gira por los cincuenta estados crearon una dinámica en nuestra nación que se prolongará en las generaciones siguientes. Aunque la guerra continúa, hay un remanente lleno de victoria... y ese remanente está creciendo.

Dios está cambiando la iglesia, de comunidad a ejército

Lo que sucede en los Estados Unidos no es un caso aislado. Cuando Dios dice que estamos en tiempo de guerra, esto se aplica a su Cuerpo en todo país. Isaías 55:6-7 dice que habrá una gozosa Casa de Oración para todos los grupos étnicos de la tierra. Solo debemos desarrollar una mentalidad de victoria en esta guerra y ser llenos de gozo. La victoria es un estado de triunfo. Para tener victoria en la guerra, debemos entender a nuestro Dios, a nosotros mismos y a nuestro enemigo. ¿Quiénes somos? ¿Qué es "la Iglesia"? En Mateo 16:16, Pedro se asoma a la verdad de quién es realmente Jesús cuando proclama: *"Tú eres el Cristo, el Hijo del Dios viviente"*. El Señor responde diciéndole:

—Dichoso tú, Simón, hijo de Jonás —le dijo Jesús–, porque eso no te lo reveló ningún mortal, sino mi Padre que está en el cielo. Yo te digo que tú eres Pedro, y sobre esta piedra edificaré mi iglesia, y las puertas del reino de la muerte no prevalecerán contra ella. Te daré las llaves del reino de los cielos; todo lo que ates en la tierra quedará atado en el cielo, y todo lo que desates en la tierra quedará desatado en el cielo (Mateo 16:17-19).

Por tanto, el Señor está diciendo que, con esa confesión de revelación, Él llamará y reunirá a un grupo que expresará sus propósitos, aun ante las puertas del infierno. Él dará a quienes ha llamado llaves de autoridad para atar y desatar en la Tierra. Esto les permitirá prohibir o permitir. Prohibirán los propósitos de Satanás para continuar permitiendo, y permitirán que continúe viéndose la diversa y plena expresión de Dios en la Tierra.

Muchas personas suelen confundir la iglesia con el reino de Dios.

Estas dos instituciones no son lo mismo. El Reino es la estructura general que la iglesia intenta expresar en la Tierra. La iglesia existe para que el Reino se establezca y opere en la Tierra. La Iglesia facilita el Reino. Hay un conflicto entre reinos en el ámbito terrenal. El reino de Dios y el reino de Satanás están en guerra. La Iglesia opera como las fuerzas armadas de Dios en esa guerra. La Iglesia es la fuerza gobernante, legislativa y mediadora que Dios ha ordenado y organizado para cumplir sus propósitos en la Tierra.

> **Para tener victoria en la guerra, debemos entender a nuestro Dios, a nosotros mismos y a nuestro enemigo.**

En *El guerrero adorador,* John Dickson y yo escribimos: "La adoración y la guerra van juntas. Pero, para la guerra, debemos tener un ejército. Un ejército es el personal de una nación que está organizado para la batalla".[44]

El concepto de la Iglesia es de poder, legislación y asociación colectiva. Con ella, decretamos y demostramos poder en la Tierra. Todo lo que ocurre, generalmente, implica un proceso. El proceso es el curso de algo que se desarrolla y finalmente llega a su operación final. Implica preparación, disciplina, orden, cambio, desarrollo y pasos operativos que nos llevan a un destino. Atravesamos un proceso para llegar a nuestro destino, y ese proceso generalmente incluye restauración, reconciliación y cierta clase de liberación.

Concentrarnos en la oración para avanzar en victoria

Estamos entrando en un período en que debemos tomar posesión rápida y firme de las oportunidades que el Señor nos presenta. "Captar" significa "asir con la mente, comprender, tomar en custodia o capturar". Entramos en la guerra contra un razonamiento humano que se resiste a los cambios futuros. Debemos llevar cautivos todos los pensamientos y estar listos para obedecer rápidamente lo que el Espíritu indica.

Las visiones que nos da el Señor son importantes. En diciembre de 2004, yo estaba ministrando en California y, mientras enseñaba, vi una enorme ola. Entonces, pregunté: "Señor, ¿qué es esto que veo?". El Señor me respondió: "Se están formando olas de cambios. Puedes decidir si montar esas olas de cambios y controlar su poder, o resistirte al cambio este año, y ser abrumado por la destrucción y la descomposición".

"Cambiar" significa "volver, poner en un lugar, hacer otro, pasar, ser transformado, producir un disfraz (una de las tácticas de Satanás)". Estamos en un tiempo en que el Espíritu de Dios está cambiando nuestros procesos mentales. Estamos por recorrer un camino que no hemos recorrido antes, y esto dará un giro abrupto a la vida de muchos de nosotros. Este giro está relacionado con un cambio de mentalidad llamado arrepentimiento. El arrepentimiento no es una mala palabra, sino un regalo de la gracia de Dios que produce gozo y cambio. Este no es un tiempo de condenación por nuestros errores pasados, sino un tiempo de revelación que producirá victoria sobre el pasado y abrirá nuestro futuro.

El cambio, algunas veces, crea un reposicionamiento físico. Hace que nos ubiquemos espiritualmente en nuestro lugar de morada. (Vea el Salmo 91). El cambio hace que soltemos asuntos de nuestro pasado que producen una muerte idólatra en nuestro futuro. Si recibimos la ola de su Espíritu, nuestro discernimiento crecerá, y veremos a Satanás sin su disfraz.

De victoria en victoria en los próximos diez meses

Victoria puede ser tanto la supremacía final y completa en la batalla o la guerra, como un triunfo en un choque militar determinado. Victoria también puede ser el éxito en cualquier contienda o lucha que implique la derrota de un oponente o la superación de las dificultades. Ahora es tiempo de avanzar más allá de los obstáculos que nos impiden tener éxito en lo que Dios nos pide hacer. Creo que lo que nos derrota más es el espíritu de abatimiento o fracaso. Este espíritu, generalmente, está relacionado con nuestras generaciones o con alguna situación en la que no logramos la excelencia. Satanás parece utilizar estas cosas para cubrirnos con un manto de reproche y darnos una mentalidad de temor en lugar de poder.

Uno de los momentos definitorios de la historia sucedió el 26 de diciembre de 2004. Un terremoto gigante azotó el sudeste asiático, creando un tsunami que redefinió el eje de rotación de la Tierra. Yo estaba leyendo La Biblia en ese tiempo y encontré Génesis 8:5-6: "...*y las aguas siguieron bajando hasta que el primer día del mes décimo pudieron verse las cimas de las montañas. Después de cuarenta días, Noé abrió la ventana del arca que había hecho...*" Cuando lo leí, este pasaje pareció iluminarse y, literalmente, saltar de la página. Entonces, oí al Señor decir: "Estoy preparando diez meses de victoria para mi pueblo. Si desarrollan una mentalidad de triunfo, irán de victoria en victoria. Así como las aguas que habían tapado la tierra descendieron, yo haré que las aguas que han estado tratando de tapar a mi pueblo desciendan. Se encontrarán parados en tierra firme con una visión clara. Fijen sus ojos en la cima de la montaña, y verán cómo su visión se desarrolla a lo largo de los diez meses".

Muchas veces, es necesario orar con fe y decretar con nuestros labios antes que nuestro cerebro y todos los procesos racionales cambien. Los siguientes son algunos decretos de victoria que escribí para ayudarnos a desarrollar una mentalidad victoriosa en el año 2005, para que podamos andar en triunfo. No permita que el enemigo lo empuje a retroceder. No permita que su mente se vea inundada por las aguas de las circunstancias que lo rodean. Capture las olas de cambio y permita que lo lleven a un lugar completamente nuevo, física y espiritualmente.

Mes de victoria 1. Este es un tiempo de santificación. Apártese y desarrolle una mentalidad de victoria. Rompa el poder de los pecados que lo acosan y entre en un nuevo orden. Preste atención a la estrategia del enemigo para bloquearlo. Veo al diablo trazando un plan en las puertas para detenerlo en la entrada, *pero Dios* está preparando su victoria. Es tiempo de permitir que el Espíritu reordene su visión.

> **Capture las olas de cambio y permita que lo lleven a un lugar completamente nuevo, física y espiritualmente.**

Mes de victoria 2. Este es mes de sembrar. Lo que usted diezme, florecerá. Hay gracia para que sus ofrendas se multipliquen a treinta, a sesenta y a ciento por uno. Es un mes para obtener victoria dando y romper la maldición de robarle a Dios. Lo que siembre en el segundo mes comenzará a producir gran fruto. Rompa el ciclo de tres años de deudas y declare que sus derrotas económicas pasadas se revertirán y comenzarán a multiplicarse siete veces.

Mes de victoria 3. Este es un mes de gran cambio y también será un mes de gran trabajo de parto. Pero el trabajo de parto será gozoso, para dar a luz. Declare que las visiones que fueron abortadas se revierten. Aparte un tiempo de Purim en su vida y celebre, porque el poder de la celebración romperá todas las barreras.

Mes de victoria 4. Este es un mes para romper viejos ciclos. Pida a Dios señales, prodigios y maravillas que intervengan en las viejas estructuras cíclicas de su vida. Haga una lista de los viejos ciclos que necesita romper. Si alabó el mes pasado, puede tener seguridad en los tiempos perfectos de Dios en este mes. Declare que todo en su pasado puede ser reparado y restaurado para que su futuro se destrabe. Este es un mes en el que logrará la victoria en la guerra estratégica. No tema ascender en adoración. Busque momentos para ayunar durante este mes. Levante la mirada y vea las ventanas de los cielos abriéndose sobre usted. Pida a Dios que abra sus ojos para que experimente su gloria.

Mes de victoria 5. Este mes tendrá un viaje por el Monte Sinaí. No dé vueltas al monte otra vez; ¡comience a gritar que subirá a Sion! Pida el espíritu de revelación y sabiduría, y Dios lo derramará sobre usted a través de la ventana de los cielos. Es un mes para hacer guerra contra las estructuras legalistas. Declare un cambio en las leyes que Satanás ha impuesto ilegalmente. Debemos cambiar ciertos estatutos durante este tiempo para que no creen una esclavitud más grande durante los próximos cuarenta años en esta nación. Pida al Señor que "quite la tapa" a las estructuras evangélicas y declare un gran avivamiento.

Mes de victoria 6. Este es un mes para dejar atrás viejas estructuras. Es fácil caer en idolatría o acceder a algo en su pasado que podría llevar a la idolatría, así que busque su nuevo lugar de adoración y decrete que tiene victoria sobre la idolatría. Este es un mes para analizar verdaderamente sus conexiones y su cobertura. Asegúrese de someterse adecuadamente, porque la idolatría puede postergar su herencia. (Números 14 es un pasaje clave para comprender). Es un mes para vencer el enojo. Corte con las pérdidas pasadas que provocaron amargura y avance. Déjese llevar por la alabanza. Este mes comenzará a liberarse una nueva y mayor provisión, así que esté atento a nuevas estrategias de abastecimiento en el ámbito terrenal.

Mes de victoria 7. Este es el mes para obtener victoria sobre sus procesos mentales. Permita que el Señor saque a la luz los viejos deseos, para que quite algunos de ellos y active otros. Su vida mental puede ser completamente revolucionada durante este tiempo. Pero este también podría ser el mes más difícil de la guerra, así que permanezca cerca del Señor y arme un escudo de oración que lo rodee. Este es un mes para liberar un nuevo nivel de discernimiento. Permanezca en la Palabra, ore en el espíritu y permita que el Señor descubra algunos puntos clave relativos a la sangre de Jesús, la gloria de Dios y la sanidad física. Si usted celebra este mes, romperá la "barrera de sangre" de los viejos procesos de razonamiento, lo cual le producirá una mentalidad de victoria para el resto del año. Las estrategias y las encomiendas de muerte se romperán. Usted puede tener victoria y experimentar la sanidad de su mente. Puede romper la disposición de doble ánimo y ya no tener que estar vacilando entre dos opiniones.

Mes de victoria 8. Este es un mes para buscar al Rey. No tema llevar sus faltas, fracasos y todo lo suyo al Salón del Trono. Esté listo para avanzar rápidamente en los cruces. Memorice el Salmo 121 y 127. El Señor se acercará por la noche, por medio de sueños y visiones. Estará muy cerca de quienes lo buscan. Espere un derramamiento de abundante gracia y misericordia sobre usted. ¡Habrá una culminación de cambios!

Mes de victoria 9. Este es un mes para cosechar lo que ha sembrado. Quienes permanecieron firmes y fieles pueden estar seguros de que prosperarán en todos sus caminos. Reciba una nueva medida de fortaleza, y pida a Dios misericordia y gracia. Este es un mes en que nuestras palabras cobrarán gran importancia.

Mes de victoria 10. Este es el mes en que su testimonio vencerá el plan del enemigo. Verá testimonios de victoria en el Cuerpo de Cristo. El enemigo levantará estandarte contra nuestro testimonio, pero Dios vendrá como una inundación. La fe explotará y creará un entorno en el cual sucederán cosas que no podían ocurrir.

¡Alto! Proféticamente, grite: "¡Victoria!" diez veces. Acepte todos los cambios que Dios trae a su vida y vaya de victoria en victoria.

He aquí algunos motivos de oración para ayudarlo a concentrarse en los próximos días.

- Ore para que el poder de Dios se muestre en el ámbito terrenal. Estamos entrando en un tiempo de *transición de poder*. Decrete que la Iglesia demostrará el poder de Dios en cada nación de la tierra.

- Ore por la *restauración del manto de guerra* al Cuerpo de Cristo. Uno de los mayores obstáculos para el cumplimiento profético es que nos inmovilicemos y nos volvamos pasivos en tiempo de guerra.

- Ore por un *reposicionamiento sobrenatural* del Cuerpo. Esto permitirá que quienes lo integran se muevan dentro de los límites y las esferas de autoridad que les corresponden, y levanten la espada del Espíritu.

- Ore por una *unión y una vinculación sobrenatural entre las generaciones*. Cuando tres generaciones se ponen de acuerdo y declaran la palabra del Señor, la gloria de Dios restaura una liberación en la Tierra. (Vea Isaías 59-60).

- Ore para que *el que ara, alcance al que siembra*. Esto nos hará pasar de una cosecha a la otra. Amós 9 (especialmente el v. 13) es un pasaje clave para esto.

- Ore para que *los equipos de quienes aran se conecten*. Nadie es suficientemente fuerte como para arar solo. Es tiempo de que se levanten equipos apostólicos y proféticos en todo el mundo.

- Ore para que abunde la *humildad* en el Cuerpo de Cristo. Habrá muchas "reuniones de humildad" en los días por venir. Estas reuniones darán chances para restaurar pactos que el enemigo ha tratado de romper en el pasado.

- Ore para que *continúe creciendo la misericordia de la Iglesia hacia los judíos*. Esto hará que el mundo se resista a ella. Podemos esperar que tal cosa ocurra en ciudades con gran población judía, como Nueva York, Miami-West Palm Beach, Los Ángeles, Detroit, Houston, Dallas, Buenos Aires, París, Moscú y Madrid. Además, también aumentará el evangelismo a otros grupos étnicos. Podremos ver cómo la barrera étnica se desmorona. La Iglesia no ha entendido plenamente el pacto, pero esto producirá una restauración del pacto de Dios en el ámbito terrenal.

- Ore para que *los apóstoles, profetas, pastores y maestros hagan lugar para el evangelista que se levanta en esta hora.* Podemos esperar que Dios forje una cosa nueva en la Tierra cuando la Iglesia esté correctamente ordenada. Una vez que el gobierno de Dios esté instalado, los gobiernos del mundo temblarán. Él rearmará el pensamiento pastoral y hará que los pastores tengan hambre de la gloria de Dios.

- *Ore para tener confianza.* La confianza produce valentía, que a su vez produce el avivamiento. La capacidad de producir el próximo mover de Dios está dentro de usted. No siga mirando los viejos patrones de avivamiento, sino reconozca que la próxima acción de Dios ya está dentro de usted. Él se moverá de forma nueva, como nunca hemos visto antes.

¿Lo mejor aún está por venir?

La anarquía, el terrorismo y el antisemitismo son tres fuerzas que se están levantando en el ámbito terrenal.[45] Estamos viendo una guerra por el pacto de Dios con la Tierra. El Salmo 24:1 dice que *"del SEÑOR es la tierra y todo cuanto hay en ella"*, y el enemigo sabe que todo el propósito de Dios se cumplirá en el ámbito terrenal. Por tanto, se está librando una guerra visible que es apoyada por el reino de Satanás. Esta guerra es para impedir que todo el propósito de Dios se manifieste en su pueblo.

Ahora que esta guerra está librándose delante de nuestros ojos, ¿aún está por venir lo mejor? Con el islamismo fundamentalista convirtiéndose en una amenaza mundial que lucha por la conversión y la captación de almas en la tierra, ¿aún está por venir lo mejor? Con el aumento de los grupos que odian a otros grupos, y el crecimiento de la animosidad, ¿aún está por venir lo mejor? Con guerras y rumores de guerras, ¿lo mejor aún está por venir? El Salmo 20 es una maravillosa confesión para hacer:

Que el SEÑOR te responda cuando estés angustiado;
que el nombre del Dios de Jacob te proteja.
Que te envíe ayuda desde el santuario;
que desde Sión te dé su apoyo.
Que se acuerde de todas tus ofrendas;
que acepte tus holocaustos.

Que te conceda lo que tu corazón desea;
que haga que se cumplan todos tus planes.
Nosotros celebraremos tu victoria,
y en el nombre de nuestro Dios
desplegaremos las banderas.
¡Que el SEÑOR cumpla todas tus peticiones!

Ahora sé que el SEÑOR salvará a su ungido,
que le responderá desde su santo cielo
y con su poder le dará grandes victorias.
Éstos confían en sus carros de guerra,
aquellos confían en sus corceles,
pero nosotros confiamos en el nombre
del SEÑOR nuestro Dios.
Ellos son vencidos y caen,
pero nosotros nos erguimos y de pie permanecemos.

¡Concede, SEÑOR, la victoria al rey!
¡Respóndenos cuando te llamemos!

¿Aún está por venir lo mejor? ¡Sí, si el pueblo que es llamado por su nombre se humilla y busca su rostro!

Una profecía y un llamado a avanzar

Dios nos está diciendo: "¡Este es un nuevo día! Plántense firmemente sobre sus pies y decidan que no van a retroceder. El enemigo los asaltará para hacerlos retroceder. ¿Acaso no he dicho:

'*Sin visión profética, el pueblo perece y retrocede*'? Estoy dispuesto a visitar nuevamente áreas que hicieron avanzar mis propósitos, pero que retrocedieron ante la batalla. Este es el comienzo de la conmoción de los gobiernos. Habrá una confrontación de gobiernos. Mi gobierno en la Tierra se está levantando, haciendo que regiones enteras tiemblen. Yo restauro y levanto líderes. Hago que mis gobiernos y mis dones se ordenen. Esto crea grandes sacudidas de región a región en toda esta tierra. Este ordenamiento crea un cambio en el gobierno civil.

"Hoy es día de romper lo que hizo que mi Iglesia se retirara de las visitaciones del pasado. Muchos avanzaron y luego retrocedieron. ¡Ahora es tiempo de avanzar! Se producirán grandes conexiones en mi Cuerpo, en este avance. Será el comienzo de la confrontación de la hechicería, astrología y brujería, que han producido control. Yo envío y libero una sabiduría sobrenatural. Esta sabiduría destronará a los brujos, astrólogos y practicantes de hechicería en todas las regiones."

"El amor y la confianza se levantan en mi Cuerpo. De la adoración, ahora pasarán a una nueva dimensión sobrenatural. No teman a este llamado a lo sobrenatural. Los sistemas faraónicos de esta nación comenzarán a fortalecerse para impedir que los paradigmas de mi Reino se formen y avancen en la Tierra. No teman a esos sistemas; continúen confrontando, en oración, los poderes que se han adherido a las estructuras de los gobiernos de sus regiones. Yo los convertiré en un pueblo sobrenatural que puede levantarse y derribar lo que los ha controlado en el pasado y los controlará en el futuro. Mi pueblo está convirtiéndose en un nuevo y afilado instrumento de trilla. Esta trilla produce sacudidas. Las sacudidas liberan la cosecha. Es el comienzo de un fuego consumidor. Debe haber fuego en vuestro corazón. El temor a lo sobrenatural debe ser quitado de ustedes. Los espíritus religiosos y el ocultismo han producido temor a los espíritus sobrenaturales. Por tanto, se han retirado de su vida de oración, y han caído en la pasividad."

"Este es el comienzo de un nuevo día. Plántense firmemente sobre sus pies. La ventana de la oportunidad de cambio es breve. Será un tiempo en que las vigilias de la noche vuelvan a formarse en su región, y volveré a visitarlos en la vigilia de la noche. Visitaré a mi Esposa como lo relato en el Cantar de los Cantares y golpearé a su puerta. No es tiempo de dudar. Las vigilias de la noche brotarán por toda esta tierra. Una vez más, estas vigilias abrirán la puerta para mí, y volveré. Por tanto, estoy llamando a vigías que se levanten, y clamen día y noche para que mi Esposa se ubique cerca de la puerta de la oportunidad en las naciones de la Tierra. Estén ubicados, listos para abrir la puerta de oportunidad en su país. Mi Esposa no debe dudar en abrir la puerta. La cosecha espera para entrar por la puerta al depósito de mi Reino."

"Mi voluntad se ha activado en la Tierra. Yo avanzo. Avancen conmigo, y los guiaré a la guerra. Muchos han llegado a tener miedo de confrontar al enemigo. Yo vine para destruir las obras del enemigo. Confronté tanto al legalismo como al liberalismo. Les digo, levántense en adoración para poder confrontar. Sin confrontación, su enemigo, el legalista, cobrará muchas fuerzas contra ustedes y angostará los límites de su libertad. Si se ordenan adecuadamente y permiten que su don funcione bajo mi gobierno, yo los guiaré como tropa a la guerra y les daré victoria. Se está levantando la adoración. A partir de la adoración, ¡harán guerra! Porque un son de guerra entra en el corazón de mi pueblo. No retrocedan. Quítense las vestiduras viejas que los detienen. Mi avance es ahora en la Tierra".

"Ustedes han estado cegados a la provisión del futuro. Una nueva unción de visión está por levantarse en mi pueblo. Lo que no podían ver en el pasado, lo verán ahora. Han tratado de conectarse y alinearse con algunos, pero yo ahora liberaré una nueva unción para conectarse. Verán estrategias de provisión que les habían sido escondidas por los poderes ocultos. La unción del veedor regresa a vuestra región. Los ojos de mi pueblo van a ver su provisión. Ahora hay avance en la Tierra. Abran sus ojos y avancen conmigo.

¡Me conocerán como Jehová Jireh! ¡Me conocerán como Jehová Nisi! Yo, Jehová Sabaoth, comenzaré a liberar una manifestación de región a región por toda esta tierra. Déjenme vestirlos de favor y autoridad. *¡Avancen!*".

- 39 Dutch Sheets, "*A Biblical Response to the Terrorist Attacks on America for the purpose of Prayer and Evangelism*", 13 de septiembre de 2001. Usado con permiso.
- 40 Rick Ridings en Jerusalén, "*How Should We Pray in the Aftermath of September 11th?*", 19 de octubre de 2001. Usado con permiso.
- 41 Dutch Sheets y Chuck D. Pierce, *Releasing the Prophetic Destiny of a Nation* (Shippensburg, PA: Destiny Image, 2005), pág. 28.
- 42 Ibíd., pág. 45. Para tener ejemplos de cómo el Señor liberó el destino de los estados, lea el capítulo 8: "*State by State: A History and Future Destiny*".
- 43 Ibíd., págs. 45-46.
- 44 Check D. Pierce con John Dickson, *El guerrero adorador* (Buenos Aires, Peniel).
- 45 Para mayor información sobre este tema de la anarquía, el terrorismo y el anti-semitismo, vea, de Chuck Pierce y Rebecca Sytsema, *The Future War of the Church* (Ventura, CA: Regal Books, 2001).

Esperamos que este libro
haya sido de su agrado.
Para información o comentarios,
escríbanos a la dirección
que aparece debajo.
Muchas gracias

info@peniel.com
www.peniel.com